钟杰/著

乘风破浪 做好班主任

轻松应对工作中的38个“怎么办”

中国人民大学出版社
·北京·

目 录 | CONTENTS

第三章

中途接班

第四章

学生品德教育

做个好班主任并不难

很多班主任向我诉苦，说现在管理学生很难，和家长沟通很难，处理事务性工作很难……总之，难！这话说起来很无奈，听起来却带有很强的负面情绪。局外人听了难免会说，你们这些班主任难道是白拿工资的吗？做自己分内的工作还叫苦不迭？事实上，这些工作真的是很有难度。不论学科知识多么丰富的老师，他们在高校读书时，都没有系统地学习过如何做好班主任工作。因此，虽然许多老师都非常热爱学生，也非常热爱自己的教学工作，但就是特别惧怕当班主任。

也正是由于这些原因，我才写了这样一本书。我想要告诉所有的班主任，做个好班主任其实并不难！

首先，我要说一说本书中的 38 个问题来自哪里。这些问题是从向我求助的班主任提出的工作难题中遴选出来的。提出这些问题的班主任迫切地希望我能帮他们答疑解惑。这些难题我也曾经遇到过，有些问题也曾令我伤脑筋，但最后我还是很好地解决了这些问题，并且在此后的工作中我都会提前防范、步步为营，尽量避免此类问题再次出现。可是，缺乏班主任工作经验的老师，往往很难较好地解决这些难题。我很乐意帮助青年班主任提升专业能力，提升他们作为老师的幸福感和成就感。

其次，我要说一说我是个怎样的班主任。1991 年，我刚一入职，就被学校领导安排当班主任，一直到现在，我还乐此不疲地做着班主任工作。很多人都问我，你已经功成名就了，怎么还做班主任？我说，功成名就是虚的，我天天跟学生在一起感到非常快乐才是实的。而且我能轻松破解班主任工作中的难题，能把自己的班级带得风生水起，我很有成就感。还有一点非常重要，我一直都坚持做班主任工作，意味着我有自己的试验田，我明白只有立足一线，与时俱进，理论与实践相结合，研究与写作互通，我才能不断进步，我的教学成果才能不断迭代更新。我有幸能帮助很多青年班主任成长，这让我很自豪，也很有成就感。我在各种场合提出来的带班方法，在文章中写出来的管理办法，都是经过我反复验证的。只要青年班主任领会到其中的要旨，灵活运用，就能得到很好的效果。

本书一共有四章，分别是：个人成长、班级日常管理、中途接班、学生品德教育。每一章都是重点，其中包含的问题都是班主任必须面对和落实的问题。如果要说难点的话，那么应该算是“中途接班”这一章了。在班主任工作领域里，很多老师都会有这样的感慨：如果让我从起始年级开始带班，那么我肯定能带出优秀的班级，但是，让我中途接手别人的班级，还要求短时间内带得顺风顺水，真是太难了！这一点，我感同身受。我自己也经常“空降”到一些班级，中途接手新班级确实很不容易。中途接班的班主任特别需要具备教育智慧。不仅要平衡自己与前任班主任的关系，还需要用心建立自己与学生的关系；不仅要稳步带班，照顾学生的感受，还要大刀阔斧植入自己的带班理念。班主任若没有很强的平衡能力，没有教育的敏感度和切实有效的带班措施，就很容易费力不讨好。在“中途接班”这一章中，我一共破解了 21 个难题。可谓对班主任中途接班可能会遇到的各种难题都进行了阐述，给出了有效的解决方案。中途接班的班主任只要根据自己遇到的问题对号入座，就能找到破解难题的密码。

这本书涉及的都是班主任工作实践中遇到的难题，每一个都有破解之法，值得每一位班主任仔细研读。不过，班主任的工作实在是太繁杂了，尤其是“双减”政策实施之后，班主任就更加忙碌了，导致个人读书学习的时间被严重压缩。因此，我建议班主任先把这本书的目录浏览一遍。为了能让班主任清楚地知晓我要解决的是什么问题，本书中每个篇章的标题都用问题的形式呈现，清晰明了。浏览完目录之后，大家可以把这本书放到自己的办公桌上，日后根据自己遇到的具体问题进行有针对性的阅读。也就是说你想要解决什么问题，就在书中找到对应的章节来研读，这样就能及时、精准地解决工作中出现的问题。由此一来，你读书和工作的劲头就会越来越足。

祝各位班主任同人都能乘风破浪做好班主任工作。

是为序。

2022 年 6 月于深圳

第一章

个人成长

1

新教师初当班主任，怎么办

钟老师，我今年才大学毕业，初为人师，心中充满了喜悦与憧憬。可是，到学校报到时，校长说：“你是年轻人，观点新、有干劲、有活力，学校安排你当班主任，没意见吧？”我一听，心里直叫苦：“天哪，读书的时候，我就知道当班主任又苦又累，我才走上讲台，就要当班主任。我该怎么办呢？”

新教师初当班主任，难免会产生畏难情绪，如果工作方法不得当，那么不仅身累、心累，还管理不好班级。新教师要怎样才能做好班主任工作呢？

一、拒绝纸上谈兵，理论联系实际。现在与班主任工作有关的理论书籍有很多，你在短时间内很难读完。再说，如果你脱离学生纯粹读理论书籍，在工作中你可能就只会纸上谈兵。年轻的班主任可以为自己准备几本枕边书，如本人的拙作《新入职班主任专业成长百宝箱》《这样做班主任才高效》《一个学期打造优秀班集体》，以及田冰冰老师的《轻轻松松当好班主任》，陈宇老师的《班主任工作思维导图》，秦望老师和侯志强老师的《微班会创意设计与实施》等。把这几本书读懂、读透之后，你在工作实践中针对所遇到的不同问题，以及学生的特性，灵活、巧妙地运用从书中学到的方法，几年下来，你就会成长为一名优秀的班主任。

二、知己知彼，百战不殆——你不可不知的人性。新手班主任在带班之前，要做的第一件事就是了解学生。学生的姓名、年龄、爱好、思想品质、学习成绩、交友情况，前任班主任对学生的评价，学生在家里的表现，以及学生父母的工作情况、教育理念等，都要在你见到学生之前了解得清清楚楚。

"人之初，性本善"这句话告诉我们：小孩子是纯洁可爱的，但是随着年龄的增长，人性会越来越复杂。当你面对大孩子时，你会见识到人性中诸如善良、邪恶，美好、丑陋，纯真、虚伪，刚强、懦弱，实在、狡诈，热情、冷漠等各种特点。所以，有一本书你可以读一读，那就是美籍华人作家刘墉所写的《你不可不知的人性》。

如果你不了解人性的特点，那么不论你做什么事，都不可能做到最好。一个不懂得学生心理的班主任，不论你多么有才，多么爱学生，多么辛苦，学生都很难真心喜欢你。如果学生不喜欢你，那么你的班主任工作基本上就失败了。

三、找准自己的"战场"——教室。班主任的主要工作是解决出现在教室里的问题，所以班主任的"战场"就是教室。明白了这一点，新手班主任就要时刻记住：只要有空，就要到"战场"上转转。因为如果你不身临其境，你不用自己的眼睛看，不用自己的耳朵听，不用自己的心体会，那么，用不了多久，你就会变成一个昏庸的统帅。

教室是师生活动的主要场地，也是班主任开展工作的主要阵地，所以，班主任一定要好好利用这块阵地。学生到来之前，班主任要把这块阵地好好拾掇一下。把你的教育理念和绝活，以及对学生的喜爱，变成学生看得见的教室文化，让学生一走进教室，就有一种安全感、归属感。只要学生把教室当作他们的家，你这个“家长”就很容易被学生接受。

除此之外，还要做一个有心的班主任。工作之余，把教室里的故事写出来，可以利用班会课读给学生听，还可以发给家长看。你要相信这件事绝不会白做，学生和家长一定会因此更加喜欢你、信任你。因为从人性的角度来看，这个世界上很少有人会拒绝别人真心对自己好。

四、站在巨人的肩膀上成就自己。人在年轻时，的确是热情高涨、干劲十足的，但是经常会因为经验不足而吃败仗。所以，不要轻视那些看起来略显沉闷的资深班主任。他们可能做事谨小慎微，但他们稳扎稳打；他们可能做事缺乏创新，但他们心思细腻；他们可能不发奇招，但他们深谙人性；他们可能不受学生追捧，但学生往往敬服他们，家长往往看好他们。

年轻的班主任，可以找一位资历深的班主任作为自己的榜样，请他做你的师父，虚心地向他学习。我相信，你的年轻、激情、冲劲，辅以师父的丰富经验，假以时日，你就会成长为优秀的班主任。

五、为自己准备一个工具箱。班主任工作极其琐碎，且有很多突发性事件无法预知，所以，年轻的、经验不丰富的班主任遭遇突发性事件时，往往会手足无措。那么，怎样才能避免此种现象发生呢？我觉得为自己准备一个工具箱比较稳妥。这个工具箱里应该装有笔、笔记本（记录学生的基本信息、学生家长的电话号码、学校附近医院的电话号码、保险公司的电话号码等），以及一些常规药品，如感冒药、消炎药等。当然，根据你所在的学校及班里学生的情况，工具箱里还可以增加什么，就由你自己决定了。

六、修炼平和型性格。“性格决定命运”这句话是有道理的。我认识一位年轻教师，她工作非常敬业，可是她的性格非常急躁，说话咄咄逼人。不论是对同事、对家长，还是对学生，她的用语都极其犀利。虽然她的班级各项指标都排在年级第一，但是很多同事都不想与她合作，家长们也不愿意与她交流，学生们也非常反感她。

后来，这位班主任被炒了鱿鱼，但她始终都不明白自己为何被辞退。

这位班主任工作的失败主要是她的性格导致的。尽管她非常敬业、工作成绩优秀，但是她那急躁且咄咄逼人的性格让人受不了。大家长期与这样的人打交道，会感到非常压抑。

班主任要修炼自己的性格，使自己的性格趋于平和，把自己修炼成一个充满亲和力的人。不管你愿不愿意，既然你做了教师，你从事的是与人打交道的工作，你就得把自己性格中的毛刺给挑了。否则，你在刺向别人的同时，也会刺伤自己。

七、给自己的班主任角色定位。你究竟要做一个什么类型的班主任？是警察型的、保姆型的、家长型的、民主型的，还是科学型的？这是每一个新手班主任都应该思考的问题。如果没有给自己的班主任角色定好位，那么便缺少了正确的发展方向，工作起来必然是茫然的。所以，新手班主任在带班之前，一定要根据自己的性格特点、知识涵养，以及对班主任工作的热爱程度，做好班主任角色定位。

如果新手班主任能够做到上述七项，那么，我坚信，你一定能快速成长为优秀的班主任。

2

班主任威信不高，怎么办

钟老师，或许是因为我以前对班里学生的管理比较宽松，所以学生都不怕我。班里纪律松散，学生学习提不起劲。我曾生气地责骂过他们，也多次给他们讲过道理，但都不管用。有一次，班长对我说："老师，你说什么都没用，因为你的威信太低了。"听到这句话，我陷入了沉思。我要怎样做才能提高威信呢？

在我看来，威信不是说出来的，而是做出来的。只有用心地做，专业地做，才能把班主任的威信做出来。那么该如何做才好呢？我以为做到以下 11 点，会让学生认为他们遇到了一位有魅力且有威信的老师！

一、**不要当着这个学生的面说那个学生的坏话**。在学生面前搬弄是非的老师，最容易令学生讨厌。你在这个学生面前数落了某个学生的不是，他一转身就有可能去告诉那个学生，然后，师生关系就会变得一团糟。那么，班主任该如何做呢？我以为当面批评、背后赞美是比较好的策略。当面对一个人大加赞赏，总有吹捧之嫌，所以，班主任完全可以背着学生对其大加赞赏。这些赞赏的话语很快就会被其他学生传出去，那个被赞赏的学生一定会在心里暗暗地感激你，甚至把你当作知己。

二、不要在班里泄漏学生的隐私。学生不论年龄多小，都有不愿意告知别人的事情。凡是他们不愿意告知别人的事情，都可称为隐私。班主任一定要明白一个道理：守护学生的隐私就像守护自己的身体一样重要。即便有什么理由非说不可，也要事先征求当事人的同意。班主任不仅要守护好学生的隐私，而且要教会学生守住自己的隐私，更要杜绝班里学生闲来没事去挖掘别人的隐私。在学生眼里，老师守住了他的隐私，就是对他最大的尊重，他也会在心里尊重你。相反，你若随意泄露学生的隐私，他则会恨你，而其他的学生，见到你也会退避三舍。

三、不要当众羞辱学生。俗话说，“人活一张脸，树活一张皮”。还有一句俗话是，“打人不打脸，骂人不揭短”。这都说明人是特别在乎面子的，是有极强的自尊心的。如果老师不明白这一点，总爱当众责骂、羞辱学生，那么势必导致师生关系恶化，甚至还会使学生长期处于负面情绪中。相反，如果老师小心翼翼地呵护学生的自尊心，那么，即便是批评学生，也不会招致学生的怨恨和反抗。或许，一时半会儿学生并不理解老师的善意，但随着时间的流逝，待学生懂得老师的良苦用心，他的心里就会暖融融的，曾经封冻心底的坚冰也会在顷刻间融化。

四、不要对学生实行一票否决制。有些班主任，说话做事非常容易情绪化和极端化。只要学生犯了一点小错，班主任马上就会夸大其词：“你简直无药可救了！你从来就没有认真听过一节课！从来就没有说过一句真话！从来就没有做过一件好事！”教师这种情绪化的一票否决式的评价，只会招致学生的极端不满。班主任要谨记，在处理学生的问题时，一定要就事论事，要有一说一，不要把实情夸大，不要翻旧账。

五、不要轻易许诺。有些老师为了提高学生的积极性，今天许一个诺言，明天许一个诺言，结果自己到底许了多少诺言，自己都弄不清楚，更别提兑现了。可是，学生全部都记得。只要你向学生许了一个诺言，他就会心心念念想着你该何时兑现。如果你没有兑现，学生就会认为你这个老师是不讲信用的，他就会从心里瞧不起你。同时，老师的这种行为也在向学生暗示，诺言并不重要，可以兑现，也可以不兑现。今后，你的学生同样会随时给你许诺，但从不会兑现。

六、学生犯错后，不要动不动就将学生叫到办公室。办公室是老师办公的地方，除非是特殊情况，否则不要动不动就将学生叫到办公室。可是，很多老师都把办公室当作批评、惩罚学生的地方。让违纪的学生当着众多老师的面挨批评，学生的那份难堪可想而知。况且很多老师还有这样的习惯，当一个违纪的学生在办公室受训时，其他老师会蜂拥而至，一起“耍大刀”，统统往学生身上“砍”。有时候，办公室里的老师忙完工作便开始闲聊，天南海北，想到什么就说什么，根本没顾及办公室还有学生站在某个角落侧耳倾听。然后，学生再把这些在教师办公室的见闻传播到其他学生耳中，便会对教师的正面形象产生不好的影响。我个人的做法是：能在教室里面解决的问题，绝不到办公室解决；能私下解决的问题，绝不在公开场合解决；能用文字沟通的问题，绝不用言语苛责；能当场解决的问题，事后绝不重提。

七、把女生捧在手心，把男生拴在腰上。我说的把女生捧在手心，绝不是要班主任对女生无原则地姑息迁就。我这里的“捧”，是指班主任对女生要倍加爱护、理解，要多花心思去了解她们，走进她们的内心，真诚地倾听她们的心声。男生大多都不会去计较一些小细节，但他们通常比较调皮，自控力较差，所以班主任要把男生拴在腰上，时不时地拽他们一下。只要你真心对待学生，不论是捧在手心，还是拴在腰上，他们都会感受到你的爱，然后跟着你前行。

八、学生能做的活儿，班主任统统不干。还记得我的猴儿班的班长曾经对别人说过这样一句话：“猴儿在此，怎可让猴王出面？”这句话给我的启发就是：普通学生能做的事，班委不做；班委能做的事，班长不做；班长能做的事，班主任不做。于是，但凡学生自己能处理的事，我统统不插手。嘿，还别说，没有班主任这棵葱，学生照样办出了满汉全席。这就说明，班主任可以不当苦干的老黄牛，而当坐在一边想办法、出点子的金丝雀。

九、不要经常在课堂上斥责学生。所谓课堂，就是指进行教学活动的场所，因此，只要课堂纪律不出现大问题，老师就不必涉及与课堂无关的事情。可是有些老师全然不管这些，只要有学生影响了他们上课，他们马上就会疾言厉色地斥责学生，甚至还歇斯底里地叫道："你给我滚！"于是学生回应"滚就滚"，然后就不知跑到哪里去了，最后，老师还得到处找人。还有一种比较冷静且有主见的学生就会质问老师："凭什么叫我滚？谁也没有资格剥夺我受教育的权利！"最后，师生据理力争，一番唇枪舌剑，要么是老师败下阵来，要么是师生两败俱伤。苛责是一枚易爆的手榴弹，老师一定要谨慎保管这枚手榴弹。所以，对于那些不遵守课堂纪律的学生，最好的办法就是老师在课余时间像牛皮糖一样黏住他，给他讲道理，给他补课，直到他彻底投降，说："老师，我再也不敢在课堂上违纪了。"这样就算大功告成了。

十、不要让学生知道你的心里有团火。一个心态从容、面容祥和的老师，比那些火气直冒或满面寒霜的老师更让学生敬重。其实，不论修为多深的老师，当看到学生再三地违纪时，心中难免会有怒火。不同的是，道行深的老师，懂得在适当的时候把那团火熄灭，不让学生看到；道行浅的老师，则会现场直播，闹得天昏地暗、人仰马翻。结果，学生非但不理解，还在一旁看笑话，偷着乐。在处理棘手的问题时，如果老师能做到心态平和、面容祥和，那么学生就会敬服老师。

十一、不要随意向家长告状。有些老师，特别是一些女老师，碰到学生犯错的情况，喜欢打电话向家长告状。这样的处理方式，不仅令家长不愉快，还会让学生心里生恨。对老师来说，自己费心费力，还两头不讨好。你说，这样告状有效果吗？除非学生犯的错误已经超越了校规、班规的底线，否则，老师不要轻易向家长打小报告。

总之，只要认真做到了上述 11 点，班主任在学生心目中的威信就会不知不觉地建立起来。

3

起始班级的班主任不懂如何树立形象，怎么办

钟老师，现在很多行业都讲究“立人设”，班主任需不需要在组建起始班级的时候树立个人形象呢？如果一定要树立形象，那么，应该怎么做呢？

在某个学段的起始年级，新学生和新老师，因为某种奇妙的缘分相遇了，进而共同组建一个全新的班级，这样的班级，我们称为起始班级。起始班级的班主任在学生面前树立什么样的形象才合适呢？

小学一年级的班主任，首先，要耐心细致，要有高度的容错意识。其次，要有爱心，要打心眼里喜欢学生，而不要因为自己是老师而不得不喜欢学生。再次，要能温和而坚定地约束学生的不良行为。最后，也是我特别强调的一点，小学一年级的班主任应该是个故事大王。

为什么要树立这样的形象呢？咱们先来了解一下小学一年级学生的心理特点。

一、感知力。小学一年级的学生在感知事物时，主要是从大概轮廓出发，他们还不能对事物进行精细的分析，很容易忽略事物的某些细节。比如，识字能力较差。他们只会注意到每个字的轮廓，很难记住字

的结构和笔画，这就导致他们在认字时容易张冠李戴，写字时也会错误百出。尤其是形近字，比如，“末”和“未”，“己”和“已”，他们很容易混淆。此时，老师如果没有耐心，缺乏容错意识，就会降低对学生的评价，从而挫伤学生学习的积极性。

再比如，对大人情绪的判断能力较差。当班主任因为班级学生太吵闹而生气时，学生往往只能感知到老师生气了，但老师生气时有什么感受，学生则无法感知。所以，当班主任生气时，需要向学生描述自己的感受，以提升学生的共情能力。

二、注意力。小学一年级学生的注意力以无意注意为主，他们的注意力很容易被动态的、鲜艳的、有趣的事物吸引。因此，教室外的小鸟、飞虫、路人等，都很容易转移学生的注意力。上课时，如果老师穿的衣裙上有很多小鸟或鲜花图案，学生就容易把注意力集中在这些图案上，甚至还会放弃听课，专心数老师身上的小鸟或鲜花去了。一般来说，小学一年级学生的注意力持续时间最长为 15 分钟，绝大多数学生只能保持 10 分钟。熟知儿童心理学的老师一般讲 10 分钟左右的课就会让学生放松一两分钟。不懂儿童心理学的老师一旦发现学生上课时走神，就会对他们大光其火，甚至进行惩罚，致使学生早早就对学校生活丧失了兴趣。

尤其是有突发事件，临近放假，或者无人看管时，一年级学生很容易兴奋，注意力特别容易分散，此时教室里就会格外喧闹。这个时候，班主任采用“禁言”“静坐”“禁足”等惩罚手段都是不恰当的。长此以往，学生就会丧失对学校的热爱，进而丧失对学习的兴趣。

经验丰富、专业能力强的班主任发现学生出现注意力分散，或者喧闹的现象时，往往会停下来让学生“疯狂三分钟”，再用肢体语言示意学生安静。或者是给他们讲一个生动有趣的小故事，故事讲完后再告诉他们老师听到他们吵闹时的感受，如此一来学生分散的注意力就被老师拉回来了。

三、记忆力。小学一年级学生的理解记忆能力还没有完全形成。因此，他们学习知识主要靠反复背诵来进行机械记忆。可是，小孩子的天性是贪玩的，如果没有老师和家长监督，他们就很难做到自觉地反复背诵某个知识点。

此时的老师，应该是温和而坚定的。老师应温和地对待学生的各种推脱背诵的借口，坚定地要求学生完成背诵，同时还需要有充分的耐心，深谙“教育是慢的艺术”。

四、自控力。小学一年级学生的自控力还比较差，他们遵守规则的主要动力是害怕惹麻烦，或者是想要获得表扬。前者是消极动力，一般不提倡；后者是积极动力，要大肆鼓励。鉴于这个年龄段学生的心理特点，班主任若不能真心喜欢学生，就会对他们无意识表现出来的浮躁大发脾气。班主任越是对学生的失控表现出愤怒，学生就越容易失控。此时，班主任有耐心、有爱心的形象就显得特别重要了。

总之，小学一年级的班主任必须知晓这个年龄段学生的心理特点，根据学生的心理特点制订带班策略，而不是凭着一腔热血，一身孤勇，把学生当作机器人来训练。如果真是这样，那就是“毁”人不倦了。

说完小学一年级班主任的形象问题，我们再来看看初中一年级班主任的形象该怎么树立。

初中一年级的班主任，首先，要严厉，原则之内寸步不让。其次，要有边界感，尊重学生的隐私和个人情感。最后一点很重要，那就是别跟处于青春期的学生较劲。

我之所以建议初中一年级的班主任在开班时就要严厉，是因为初中一年级的学生自控力和意志力都还比较薄弱，他们为人处世还很情绪化，独立性和主动性也比较差；他们很善于评价他人，却很难正确地认识自己；他们很容易看到自己的优点，却很难看到自己的缺点；他们的评价标准变化很快，有时候甚至会用多重标准来看待人或事；他们看似懂得很多道理，却很难把道理转化为行动。在班级管理网络没有形成，班级制度没有建立起来之前，如果班主任处处表现得像个慈祥的妈妈，那么这个班级的秩序就很容易出问题。

我在这里强调的严厉并非要对学生打骂，而是班主任要具有坚韧、较真的气场。学生该做的事，必须由学生来完成，并且非完成不可。班主任该做的事，班主任也必须做好。班主任要成为学生学习的榜样。

如果班主任一开始就以严师的形象出现，那么学生虽感意外，但一定能接受。他们只会感慨于初中班主任的严格，并告诫自己今后一定要遵守规则。但如果班主任先放后收，就会招致学生集体造反。有些看起来柔弱的女班主任，每天进教室时带一把戒尺也未尝不可。现在的校园中，太缺那种“手握戒尺，眼含热泪”的老师了！如果学生的眼里没有敬畏，心中没有惧怕，那么做事就容易没有底线。一个没有底线的少年，做起坏事来就会不计后果。

小学低年级的学生，对班主任几乎没有秘密，但到了 12 岁左右，学生的秘密就多了起来。有些秘密，他们只想跟闺蜜或者兄弟分享，班主任即使想知道，也要尊重学生的心理界限感，不要把学生的心灵空间当作自己的跑马场。

班主任要想学生主动跟自己分享秘密，唯一的办法就是获得学生的信任。学生凭什么信任班主任呢？首先，班主任要让学生在心理上有安全感，也就是不论学生分享的是何种秘密，班主任都不会嘲笑，更不会翻旧账。其次，班主任要让学生觉得老师有能力帮他解决问题。最后，班主任被学生视为一个靠谱的人。如果班主任做到了“值得信任，能解决问题，又很靠谱”这三点，学生就会主动邀请班主任跨越边界，那时班主任就能与学生打成一片。如果学生不愿意班主任越界，班主任就要原地止步，耐心等待。

叛逆几乎是青春期学生的标配。他们常常会觉得内心孤独，大多是因为迷茫而感到孤独。他们向往进入成人社会，却又对真实的成人社会表现出排斥。因此，他们很容易受伤，也很容易被激怒。但是，他们表现出来的行为激怒的往往是成人，而伤害的又是他们自己。

班主任在与青春期的学生打交道时，既要严格，又要柔和，也就是我们常说的恩威并施、宽严相济。学生情绪激动时，班主任要冷静下来，与学生讲情不讲理。待到学生情绪稳定后，班主任再来讲道理、定规矩，学生就能欣然接受了。当然，若是遇到那种品德低下，带有黑社会习气的学生，班主任必须坚守底线，与之斗争到底，因为咱们是教师，虽然教师要服务于学生，但是咱们绝不跪着教书。如果教师不能坚持原则，随风倒，那么我们还怎么教得出“铁肩担道义”的学生？

高中一年级的班主任，遇到的是一群十五六岁的学生，经过中考的洗礼，大多数学生已经懂事了。从道德发展六阶段理论来看，他们已经达到“我要守规则”这个层面了。甚至有些学生已经发展到“我能体贴他人，让别人因我的存在而幸福”这个阶段了。这个时候他们的班主任如果还是一个慈祥的妈妈，或者是一个急躁的大哥（大姐），显然就不太合适了。那么，面对高一新生，班主任需要树立一个什么样的形象呢？我觉得“客观、理性、有原则、有见识”很重要！如果说小学一年级的班主任需要给足学生“奶”（爱与安全），初中一年级的班主任需要给足学生“蜜”（理解与支持），那么高中一年级的班主任则要给足学生“盐”（见识与格局）。

因此，表扬不是高中一年级班主任的惯用手法，严厉也不是高中一年级班主任的常态表现。“渊博、儒雅、有见识”，应该是高中一年级班主任留给学生的第一印象。

经历过中考的高中生，心中早已种下一颗种子，那就是考入理想的大学。因此，学生最想遇到的是能把班级管理得井井有条，为学生提供安静的学习环境的班主任。同时，班主任最好还能指导他们如何高效地学习，如何愉快地与同学相处，如何激发自己的潜能，如何看到更辽阔的世界等。这无疑要求高中一年级的班主任既要有较强的专业能力，又要有开阔的眼界，还要能对学生进行精神引领，成为学生精神成长的导师。

高中一年级的学生虽然还未成年，但是他们渴望班主任把他们视为成年人。班务、学习、人际交往等方面的事，他们希望班主任能事先和他们商量。学校里的一些活动，他们也希望班主任能放心地交给他们去办。这个时候，班主任要舍得放权，但也不可完全甩手不管。

起始班级的班主任的形象究竟该怎么树立？可谓“教学有法，教无定法”。只要班主任在带班时能遵循学生的成长规律，树立正确的教育理念，大胆地展露自己的个性，凸显自己的风格，挖掘自己的教育智慧，一心为学生的未来谋出路，就能在学生心中树立一个令他们尊敬的形象！

4

参加了很多培训，业务能力仍然没有得到提高，怎么办

钟老师，我们每学期都会接受很多班主任培训，可是我发现我的业务能力仍然没有得到提高，工作的时候还是在走老路。请问，作为极想提高自己专业能力的班主任，对于这类没有效果的培训，该怎么办呢？

近年来，我在不断地培训班主任，也在不断地接受大学教授的培训。不论是作为班主任的培训者，还是作为被培训的班主任，我都有很多话想说。

从培训者的角度来说，我当然希望我给班主任们讲的每一堂课，都能让他们学有所得，能助力他们快速成长为优秀的班主任，但事实上很难。他们往往听课时激动，想起来心动，一回学校就不动了。为什么会这样呢？因为听别人说是一回事，自己做又是另一回事。

很多班主任的思维都被常年简单粗暴的工作方式给禁锢了，遇到问题时，脑子里蹦出来的第一个念头就是：怎么办？于是我经常被班主任追问：我的学生在谈恋爱，怎么办？我的学生经常迟到，怎么办？我

的课堂上学生特别吵，怎么办？我的班级学习氛围不浓，怎么办？我的班级不团结，怎么办？我的学生荣誉感不强，怎么办？我的学生不写作业，怎么办？……看到这些问题，我只能回一句：我不是神，我也不知道怎么办。有时，我确实不知道该怎么办。你的学生读几年级，我不知道。你这个班主任教龄多长，性格怎样，我也不知道。你的学生家庭状况如何，我无从得知。你的学生性格如何，学习能力如何，习惯如何，人际关系如何等，这些情况我都不得而知。我怎么开药方？

为什么很多班主任遇到问题首先想到的是“怎么办”，而不是“为什么”呢？前者是拿来主义，以为把别人的经验拿来用就可以包治百病，图的是过程上的轻松和效果上的立竿见影。后者是创造主义，图的是对症下药，从根本上解决问题。选择后者的老师往往殚精竭虑还不一定能药到病除，实在是太辛苦了，所以，很多老师觉得还是选择前者比较轻松。思维方式不同，处理问题的模式自然不同。从长期主义来讲，班主任若要有真正的长进，必须学会问“为什么”。

比如，我在给班主任们讲“尘埃里开出来的花”这个主题时，特别讲述了我的成长经历：我是一个在农村学校工作了 18 年的女教师，起始学历不高，工作环境简陋，人脉资源稀少。我从四川省的一个偏僻小镇来到人才遍地的深圳，在没有任何资源助力的情况下，我不仅在深圳站稳了脚跟，还取得了令大多数班主任羡慕的成绩——近年来我获得了广东省教育厅颁发的“广东省名班主任”“广东省名班主任工作室主持人”荣誉称号，还获得了教育部授予的“全国优秀教师”荣誉称号。我不仅是国内各大班主任杂志的封面人物，还是多家主流媒体特别报道的人物。从专业成就来讲，我出版了教育著作近 20 部，参研的德育课题还获得了“国家基础教育教学成果二等奖”。大家在听我分享这些荣誉时，可能会疑惑：钟老师的职业起点是一位农村女教师，她凭什么走到今天？她究竟有着怎样的人生经历？她的性格之中有哪些可以助力她变得更好的优势？她对教育的理解究竟是怎样的？她为什么可以几十年如一日地坚持阅读和写作？为什么她在拥有一定成就后还要选择继续做班主任？

我觉得只有这样去深度挖掘，才能真正读懂我的成长之道。其实我的成长之道很简单。

首先，我特别热爱班主任工作。我不仅仅把它当作一份工作来做，更是当作一份事业来经营，所以我每天都怀着一种赴约的心情去见我的学生。不论他们做出什么事情，我都会以一个研究者的心态来对待。可是很多班主任都是被动地做班主任，他们工作的内驱力不足，怎么可能有激情四射的外部行为？

其次，我是一个特别喜欢学习的人。我绝对算得上是一个学习达人。无论工作多忙，我都能保证每天学习一个小时。因为喜欢学习，并且常常跨界学习，所以我的眼界比较开阔，能看懂事物与事物之间的内部逻辑关系。很多问题在别人眼里是一团乱麻，无从下手，我则能洞若观火，精准切入。我常年坚守在教学一线，发现很多班主任不爱读书，别说开拓视野跨界阅读，就连必须阅读的教育学和心理学等专业书籍也不看，他们遇到问题时就手忙脚乱，不愿意思考与分析，总是希望别人给他们一个立刻可以解决问题的妙招。其实，哪有什么信手拈来的绝招？

最后，我是一个特别能吃苦，特别能坚持，还特别靠谱的人。我每天守在教室里，看学生玩耍，听学生说话，与他们一起学习，预设各种可能发生的问题，并提前设计解决方案，做到有备无患。我还利用工作间隙，把我观察到的、思考到的与实践经验都用文字记录下来。在写作的时候，虽然我呈现的都是我做过的事，但我也会时常反思，反思的过程其实就是再生长的过程，我就是这样一步步变得更好的。

会学习的班主任能从我的讲述中挖掘到这些有利的成长元素，然后回去照做，一步步地实践，坚持下来，就会成长为优秀的班主任。事实上，近年来，确实有些听过我的课的班主任深受启发，回到学校立即行动，几年下来，就成为当地有名的班主任了。

还比如，我在讲“如何打造一支优秀的班级管理团队”这个主题时，讲的全是实操手法，拿回去就可以使用。有些班主任用起来得心应手，将班级带得风生水起。有些班主任用起来却总觉得力不从心，班级面貌一成不变。这是为什么呢？因为，前者是活学活用，学的是我的班级管理之“道”，用的却是自己的班级管理之“术”。后者是生搬硬套，学的是我的“术”，却忽略了我这“术”的背后还有“道”。我敢在自己的班级里打造一支精锐的班级管理团队，让班上人人有岗位，个个有事做，把班主任从烦琐的班级管理事务中解放出来。我若没有阅读大量的管理学书籍，如何能把企业管理的理念与教育管理有机地结合起来呢？我若没有深入研究管理学，又怎么能想得通教育管理背后的逻辑呢？我看似信手拈来的背后，是静守孤独，是枯坐苦读的常态化生活。

我举这两个案例，无非是想说明，作为从教学一线走出来的培训者，我在设计培训课程时，力争做到每一节课的主题都很接地气，每一个方法都具有实操价值，班主任们只要用心学习了，把这些方法拿回学校就能在班级管理中运用。我一直在一线带班，从未脱离过学生。每次遇到班级管理的难题，我都会先问自己“为什么”，然后假设多种可能性，并逐一求证。当我把“为什么”分析清楚时，其实就已经知道该“怎么做”了。

例如，对学生早恋的现象，相信每个班主任都感到很头痛，大家都想找到一个一劳永逸的办法来解决这个问题。事实上，处于青春期的学生渴望得到异性的关注，想发展一段甜蜜的恋情，这是人性之本源，谁都不能也不可以改变。

可能有人会说，既然不可改变，那就支持他们谈一场轰轰烈烈的恋爱，不是很好吗？自然不好。为什么不好？班主任要从学生的心智发育特点、学业压力、处理感情问题的能力等方面去分析，这样一来就会找到“理解学生的情感需求，但不支持早恋”的原因。

原因至少有三个。一是进入青春期的学生，虽然身体发育基本成熟，但心智发育并未与身体发育同步，他们对男女感情的认知更多地停留在身体渴望的本能上，他们还不能完全理解“爱”的含义。二是他们的学业压力很大，需要集中时间和精力学习，谈恋爱必定会占用时间、分散精力，从而耽误学习，进而有可能影响前途，降低未来生活的质量。三是他们处理感情问题的能力还很弱，恋爱双方一旦出现感情分歧，或者有其他因素介入，他们很难妥善处理。鉴于这些原因，多数班主任和家长都不支持学生早恋。既然不支持，就该引导学生正确对待自己的感情。

怎么引导才有用？我有一套专门为青春期学生设计的课程，其中有五六节课讲解如何正确面对自己的感情，学生学习的效果非常好。但凡是我从起始年级开始带的班级，男女学生的关系都非常融洽，但他们不会早恋。这是因为他们在我的指导下，学会了理性地对待自己的感情。我能设计出这样的课程，源于我对学生早恋原因的深度探究，而且为了引导学生正确对待恋爱，我从不回避恋爱这个话题。我读了 20 多本关于两性关系的书，对如何处理两性关系有较为科学、理性的认知，较好地解决了“学生早恋屡禁不止”这个问题，这样的学习也令我与丈夫、儿子的关系变得更融洽。

作为一个培训者，我真心希望每一位参加培训的班主任都能养成一个好习惯，那就是遇事先问“为什么”，再想“怎么办”。不仅要学习班主任名家的教育之“术”，更要学习班主任名家的教育之“道”！老师们参加完培训，回到学校有三件事需要做，那就是：守住教学实践，枯坐家中读书，利用碎片时间写作。你若长期坚持做到这三点，10 年后，你就会成为班主任名家。

那么，作为一个被培训者，我又是怎样汲取培训养分的呢？

首先，我从内心尊重给我讲课的老师。不论他们的授课风格是风趣还是平实，我都能听进去。我听的是他们为人和做事的“道”。简单地说，就是他们“怎么做”所体现的教育理念。这些理念我一定会琢磨透，因为我只有把他们做事的理念琢磨透，才能让所学真正为我所用，才能举一反三。因此，我听课从不听“热闹”，只听“热闹”背后的真知灼见。

其次，我非常重视讲课老师的理论修养。很多班主任不喜欢听大学教授讲课，认为他们没有教过中小学生，不清楚一线教育的真实情况，所以讲的内容都是一些高大上的理论，既空洞，又玄乎，拿回学校根本用不着。这种想法不是没有道理。诚然，如果让大学教授来中小学当班主任，那么他们可能会令大家失望。但是，他们那些听起来空洞的理论真的是有一定高度的，是需要班主任反复回味并内化吸收的。比如，大学教授经常提到“教育的意义就在于培养学生的可持续发展能力”，这句话有错吗？没错！空洞吗？非常空洞！怎么才能培养学生的可持续发展能力？大家似乎一头雾水。

班主任如果读过丹尼尔·平克的《全新思维：决胜未来的 6 大能力》一书，就应该知道，丹尼尔·平克在这本书里提到一个观点：世界已经从过去的高理性时代，进入一个高感性和高概念的时代，有 6 种能力是非常稀缺且重要的，分别是设计感、娱乐感、意义感、共情力、故事力、交响力。如果听课的班主任有这样的知识基础，就不会因大学教授所讲的内容空洞而反感了，而是会意识到班主任在设计带班理念时必须思维升级：要有大格局，站得高，看得远，立足当下，着眼未来。在具体实施时则要思维降级：注重实操，且接地气。

我每次听那些理论修为高的教授讲课，都能心领神会，并快速地将自己平时的做法与教授提出来的理论相匹配，这大大地提升了我的专业底气！

最后，我想说的是，作为被培训者，我们很难要求培训者讲什么、怎么讲，我们能做的，就是摆正心态，认真学习，最大限度地吸收培训者与时俱进的教育理念和有效的实操手法。

5

期中考试后不知道怎么开家长会，怎么办

钟老师，期中考试马上就要来了。学校领导说，期中考试过后就要开家长会。虽然我做了五年的班主任，但我对期中考试之后开家长会还是有些不知所措，请问我该怎么做呢？

期中考试成绩出来后，不论学生考得好，还是考得不好，班主任都要着手准备一场家长会。家长会开得成功，则皆大欢喜，班级得以良性发展；家长会开得不成功，家长难免怨声载道，班级状况走向低迷。那么，期中考试后，班主任究竟怎么开家长会才有效呢？

在这里我要特别申明：世界上没有包治百病的万能药。即便是对同一批家长，用同一套方案，不同的班主任开出来的家长会，其效果也不尽相同。因为班主任的表达风格、认知能力、教育智慧、对人性的把握程度以及对教育理念的理解等因素，都对结果起到了重要作用。

家长会确实不好开，但也不是开不好。只要你拥有同理心，尊重与会的每一个人，用专业的态度去开家长会，不管你是久居杏坛的老手，还是初出茅庐的新手，都能将家长会开得很成功。

一、用心做好家长会的前期准备工作。家长会上班主任面对的是成年人，并且是在社会上摸爬滚打多年的成年人，他们阅历丰富，是一群颇有见识的人，班主任万不可掉以轻心随便敷衍他们。因此，会前做好功课尤其重要。具体需要做到如下几点。

1. 准备家长会邀请函，用彩色打印纸打印出来送到家长手中。邀请函上要有亲切的称呼，要写明开家长会的目的、时间、地点。做这项工作的目的是向家长传递老师的诚意，体现出会议的重要性和仪式感。家长收到邀请函后就会更加重视这场家长会。

2. 认真分析学生的考试成绩和在校表现。班主任要特别注意，千万不可图省时，把全班学生的成绩印在一张单子上发给家长，这样很有可能省时却省不了事。因为家长看到全班学生的成绩，很容易进行不合理比较。如果孩子考得好，家长就会沾沾自喜。孩子若是考得差，家长则暗自叫苦，回家免不了责骂孩子，说不定以后的家长会，他们就不来参加了。

班主任对学生的在校表现也要进行全面分析，分析的目的不是在家长会上进行批判，而是有理有据地呈现学生的问题，引起家长的重视，以便家长配合老师督促学生改进。

3. 精心布置会场，凸显班主任的诚意和用心。教室的墙壁装饰方面要呈现班级的物质文化特色，教室地面要打扫干净，桌椅要摆放整齐。桌面上要贴上学生的名牌，还要让学生把各科作业整齐地摆放在桌面上供家长翻阅。教室前方黑板上要书写欢迎词，比如，“欢迎少侠一班的宝爸宝妈为促进孩子成长献计献策”。欢迎词没有固定的模板，只要能表现出欢迎的诚恳态度即可。

还有些看起来可有可无的准备工作，我建议班主任也要用心对待，这样才能使家长会锦上添花。比如，在家长的必经之路上摆放路径指示牌，再安排两个细心的学生做引导员，引导家长准确无误地找到自家孩子的座位。

二、情感先行，激发家长的同理心。精心准备的家长会终于要拉开帷幕了，班主任的开场白该怎么说才能打动家长呢?

班主任务必要记住，与家长打交道时一定要使用“先感情后事情”的策略。只有抓住了家长的感情，才能心平气和地与家长谈事情。怎样才能抓住家长的感情呢?感同身受是最好的策略。班主任可以这样开场:

亲爱的宝爸宝妈，大家好!欢迎你们来到咱们的教室共商孩子的成长大计，感谢你们百忙之中抽出时间来参会。这个世界上什么职业最难做?家长!没有上岗培训，没有专业训练，没有工资可领，没有退休可言，倾情付出可能还不讨好。父母为孩子奔波劳累，可是孩子不理解父母，认为父母不够关心他们。父母喜欢什么，孩子不知道;父母遇到什么难处，孩子不知道;父母的生日，不少孩子也不知道。可是，孩子却总是抱怨父母不了解自己!

对于各位的难处和无奈，甚至无能为力，我都感同身受。我深刻地理解每一位家长的不易与焦虑。我在这里向各位明确表态，凡是在学校里可以完成的事，我绝不转手给各位。我不会给各位添麻烦，更不会给各位添堵，我们是合伙人，必须相互理解，彼此支持，抱团取暖，守望相助!我爱我的学生，也爱我学生的家长!因为有你们，才有我的学生，才有这个班级，我才有机会站在这里。谢谢你们!

班主任真诚地向家长表达了自己的感情，家长就与班主任站在同一个阵营了，家长的心也就向班主任靠拢了。接下来，班主任再和家长谈事情，家长就听得进去了。

三、客观陈述全班学生的考试成绩。既然是期中考试后的家长会，那么会议的重点当然是分析学生的成绩。家长最重视的也是自己孩子的成绩。

我观摩过不少考试之后的家长会，多数都开成了批斗会。这是非常不理性的做法。

理性的做法是，班主任客观地向家长汇报考试成绩，不掺杂不满情绪，不对学生的考试成绩进行价值判断，而是心平气和地告知家长。特别要注意的是，在陈述学生成绩时，不要点名道姓。家长手中有孩子的成绩单，他们的孩子处在哪个分数段，他们心中有数。班主任不仅要保护学生的自尊心，也要保护家长的自尊心。

四、真诚地表达老师的感受和需要。成绩发布后，成败得失家长心里都清楚。这个时候班主任要诚恳地向家长表达自己的感受和需要。特别需要提醒的是，班主任要表达的是自身的感受，而不是家长的感受。如果学生考得好，那么班主任不必掩饰自己的喜悦，可以直截了当地告诉家长："孩子们优异的考试成绩令老师感到开心，同时也增强了老师的信心！接下来，我打算加强课堂管理和家庭作业管理。据我多年的教学经验，如果老师守不住课堂，就守不住教学质量；如果学生做不好家庭作业，就考不出优异的成绩。所以我希望每位宝妈宝爸都能协助我进行家庭作业管理。我不需要家长评判家庭作业的正误，只需要家长督促孩子认真完成家庭作业，对错则由老师来判断。"

五、向家长提出具有可操作性的请求。既然老师和家长是合伙人的关系，那么学校的事由老师负责，家里的事则由家长负责，大家分工合作，互相支持，学生就一定会有更大的进步。班主任可以向家长提出哪些请求呢？

1. 请求家长在督促孩子写作业时，将房间里会分散孩子注意力的物品都拿走，桌面上只摆放与学科作业相关的资料和文具。

2. 请求家长督促孩子在写完作业后分类整理各学科作业本，然后按序放到书包里，直到孩子可以自觉、熟练地完成该项工作才可以放手。

3. 请求家长在陪伴孩子写作业时要限时，不啰唆，不加量。孩子若能提前保质保量完成作业，家长可以同意孩子自主安排富余的时间。特别要请求家长在孩子写作业时，不玩手机。如果家长起不到榜样示范的作用，孩子就不会服从家长的管理。

4. 请求家长对孩子进行价值观教育。比如，不给他人添麻烦，尤其在课堂上要管住自己的嘴巴、手脚，不可影响老师上课和同学听课。

请求的内容当然不止上述四条，各位班主任可以根据自己班级的管理需要，真诚地向家长提出具体请求。

六、理性分析学生群体中存在的问题。分析问题时，要客观地陈述事实，理性地描述问题行为，只说现象，不对号入座，更不可对学生的行为进行价值判断。具体怎么分析呢?

1. 部分学生自控能力差，注意力容易转移，影响听课质量。有些学生的认知系统发育不够完善，随意性比较强，自我管控的能力太弱。因此，这些学生上课时喜欢讲闲话，弄出各种声音，还容易走神，课堂上的专注力较差。具体有哪些学生存在这些问题，为保护学生的自尊心，在家长会上我不予公布。家长会后我会以私聊的方式告知家长，请家长在家里向孩子明确提出上课时守纪的要求，与孩子一起制定学习目标，如果发现孩子对知识的掌握存在漏洞，就应及时补漏。

2. 部分学生的家庭作业完成得较差，导致知识掌握得不牢固。对大多数学生来说，小学低年级段的知识点基本可以在课堂上掌握，小学高年级段，尤其是中学阶段，知识点很难在课堂上完全掌握，必须通过家庭作业来巩固课堂上学到的知识。但部分学生在做家庭作业时，要么乱做，要么不做完。到底有哪些学生的家庭作业完成情况不尽如人意呢?家长会后我会与相关家长私聊，请他们优化家庭教育理念：孩子的成长需要家长的督促和陪伴。有些家长对老师要求家长督促孩子完成家庭作业感到非常恼火，家长的心情我非常理解。但有两点需要申明：首先，请家长在家里督促孩子完成家庭作业，并不是老师推卸责任，而是因为家庭作业需要在家里完成，老师想督促但鞭长莫及；其次，请家长监督孩子完成作业，不是要求家长批改孩子的作业，更不是要求家长给孩子讲解题目，家长只需要当好老师的队友，帮助老师督促孩子认真完成家庭作业即可。

3. 部分学生缺乏学习动力，觉得学得好坏都无所谓。不可否认，有些学生不在乎自己学习成绩的好坏，他们觉得学习很困难，不想吃苦。这样的学生不多，但一定存在，到底有哪几个学生，我会私下告知家长，请家长留意我的信息。学生为什么缺乏学习动力？原因当然有很多，比如，从未体会过学习带来的成就感，没有自我改变的内在需要，家长对孩子没有明确的要求，家长从未对孩子进行延迟满足的训练，亲子关系淡漠，等等。究竟是哪些原因导致这些学生缺乏学习动力呢？所谓“知女莫若母”“知子莫若父”，我请宝妈宝爸私下认真观察、细致分析，找到准确的原因后再与我深度沟通，形成家校合力，帮助孩子获得更好的发展。

4. 部分学生比较懒散，做事磨蹭，看起来无欲无求。他们为什么懒散？为什么磨蹭？为什么看起来无欲无求？原因也很复杂，老师仅从学生的在校表现很难找到准确的原因，所以特别需要家长在家里观察、分析孩子自身问题形成的根本原因。在家长观察一段时间后，我会和家长私聊，了解更多的信息，然后和家长一起帮助孩子改正坏习惯，并激发他们对学习的热情。

5. 部分学生基础差，底子薄，学习很困难，考试也总是不如意。对于这类学生，我不仅会鼓励他们发挥优点、长处，抛弃自卑感，树立自信心，还会极力帮助家长对自己的孩子重拾信心，做孩子的坚强后盾。此外，我还会发动班集体的力量，在班级营造互帮互学的友好氛围，让学习暂时落后的学生感受到班集体的温暖，成长为能温暖他人的人。

七、坦诚面对教师群体的不足。班主任明确地分析了学生的问题，也含蓄地指出了家长的问题，那么，老师有没有问题呢？我觉得既然学生存在各种问题，那么老师也一定存在问题。比如，老师没有真正走进学生的内心世界，没有管理好课堂纪律，没有让学生养成良好的听课习惯等，这些都是老师存在的问题，也是老师的专业能力有待提高的地方。班主任不能回避自身的问题，要拿出勇气来直面它们。

班主任提出当下老师存在的问题后，要马上向家长表态如何整改这些问题。目的就是将自己置于家长的阵营中，让家长真心觉得老师召集他们开家长会，就是为了帮助他们的孩子变得更优秀。

八、牢记家长会五忌讳。即便班主任已经与家长建立了非常健康的同盟合作关系，也不能张口乱说。老师毕竟是受过专业训练的专业人士，说话做事都要体现自己的专业性。

1. 忌当众自夸专业能力。班主任的优秀不是自己说出来的，而是踏踏实实做出来的。

2. 忌当众批判家长不负责任。家长不负责任当然有错在先，但其中缘由是什么？班主任在弄清楚原因之前没有发言权。就算确实存在家长不作为的情况，班主任私下与之沟通即可，不可当众批判。

3. 忌当众指责考试落败的学生。如果学生考试落败，那么，不论是家长，还是学生自己，都很害怕开家长会。家长好不容易鼓起勇气来参加家长会，如果班主任当众一通指责，今后的家长会他们可能就不会来参加了。

4. 忌当众指责和评价表现差的学生。学生表现差确实令人头痛，家长也确实要担责，但不适合在家长会上公开指责和评价。班主任私下与家长沟通，并给家长支招才是正确的方法。

5. 忌当众评价学生的朋友圈和个人感情。在青春期孩子的认知世界里，同伴关系大于亲子关系。很多家长都曾因为孩子交朋友的事与孩子发生过冲突。如果班主任当众评价，那么无异于火上浇油。其实，青春期的学生对异性心存好感和渴望，这是正常的情况，如果有处理不当造成伤害的情况，那么私下一对一处理才是体面且有效的方式。

总之，家长会是老师和家长的沟通会，双方就共同爱护的人——孩子，发现问题，分析问题，解决问题，从而帮助孩子找到努力的方向和动力！

6

班主任掌握不好管理尺度，怎么办

钟老师，我与学生的关系特别亲密。或许就是太亲密的缘故，学生不怕我，导致我掌握不好管理的尺度，把一个好端端的班级管乱了，我该怎么办呢？

初为人师时，我很想与学生建立一种可以平等交流、互相帮助的朋友关系。我不仅是这样想，也在身体力行。

我与男学生一起打篮球，与女学生一起跳皮筋，带他们去郊外野炊，还与他们去小河沟里抓螃蟹、摸螺蛳、捉小鱼儿。我们无话不谈，欢乐无所不在。

我还曾经去学生家里，与学生同吃同住，和学生一起去山上拾菌子。我到现在都还清楚地记得，当我扒开枯叶看见一丛一丛的鸡㙡菌时，幸福感突然而至，身体仿佛飘浮云端的奇特感受。

当时，很多同事都羡慕我有一颗天真烂漫而年轻的心，可以与学生打成一片，师生关系是那么亲密。很多外班的学生也很羡慕我班的学生，认为他们运气好，遇到了好说话、有情趣的老师。

事实上，我还是太年轻了。虽然我与学生建立了非常亲密的师生关系，但也正是这种“亲密”坏了大事。我发现我与学生越亲近，他们对我的态度反而没有之前那么尊敬了。我发出的指令他们阳奉阴违，我安排的工作他们偷工减料，我布置的作业他们大打折扣，甚至在我讲课时他们还想凌驾我的课堂。

曾子曰：“狎甚则相简也，庄甚则不亲。是故君子之狎足以交欢，庄足以成礼而已。”曾子的意思是，过分亲近就显得轻慢，过分庄重就显得疏远，因此君子之间的亲近能够达到彼此欢悦就足够了，君子之间的庄重能够完成礼仪就可以了。

我这才明白：原来不是学生不好，而是我自己没有把握好师生交往的尺度。我在对待学生时，没有做到宽严相济，而是以“求和”的心态迎合学生的需求，最终导致我被学生轻视。

自那以后，不论是带起始班级，还是中途接班，我都恪守“原则之内寸步不让，事情过后立马翻篇”的原则。对待学生，我既有雷霆手段，也有菩萨心肠。不论何时，我的言行都在向学生诠释“敬而不畏，亲而不狎，远而不疏”的师生观。

我的这一改变令班风和学风变得积极向上，学生更加愿意遵守纪律，对我也更加尊重，班级整体学业成绩优良，在学校开展的各项大型活动中，学生也都表现出色。

我现在带班，尤其是中途接班，不再一味追求和学生建立朋友关系，而是优先考虑建立好师生关系。建立好师生关系需要做到 8 个字，即“亲密有间，宽严有度”。那么究竟怎么把握这个“度”呢？

一、要与学生保持恰当的距离。班主任要想做好学生工作，免不了经常与学生在各种场合交流。在与学生交往时，班主任一定要保持恰当的距离，具体要注意以下三个方面。

1. 身体距离。老师和学生的身体距离一般应该保持在 45 厘米至 1 米。也就是伸手可以握到对方的手，但不容易触碰到对方身体的距离。

老师可以与学生拥抱，但不可以紧贴身体，身体之间必须有 10 厘米至 15 厘米的距离。老师可以轻拍学生的肩膀以示鼓励，也可以摸学生的头向其示好，但不可以摸脸，更不可以触及学生身体的敏感部位。

2. 言语距离。老师是评价者，一句口不择言的开玩笑的话，就可能令学生陷入人际关系的绝境；一句不分场合的讽刺的话，就可能让学生陷入颓废境地；一句言不由衷的表扬的话，就可能让学生对自己产生怀疑。因此，老师在说话时，一定要时刻警醒：专业人士，就要说专业的话！老师与学生说话时必须设立边界，什么话该说，什么话不该说，话说出口之前必须想清楚，没想清楚最好先保持沉默。我的小学启蒙老师曾对我说："钟杰这一辈子都没出息！"这句话经老师说出口，对学生就是严重的伤害。所以，这句话我记了几十年都忘不掉。但如果这句话是从我妈妈的嘴里说出来的，我就不会一直耿耿于怀了。我只当是妈妈故意刺激我，然后会用行动证明给她看：我一定会有出息！

我与学生谈话，从来不对学生的言行和人品进行评价。我只是客观地陈述事实，真实地表达我的感受，然后提出我的请求。

即便学生犯了非常严重的错误，我也不会轻易动怒，而是会心平气和地与学生一起回溯事情发生的前因后果，然后将学生引至事发时的情景中，启发学生寻找规避错误的方法。在这个过程中，我会提醒学生，解决问题的方法不止一种，一定要从多个角度去设想：假如我再遇到类似的问题，我怎么才能找到最好的解决办法？这种"回溯现场寻找解决办法"的过程，其实就是"宽"，是对过错本身的"宽"，对犯错的人的"宽"。整个过程中，我没有评价，没有责骂，没有放任不管，也没有当着学生的面撂挑子，而是积极主动地与学生一起回顾过往，为未来避免犯同样的错误寻找更好的解决之道，这就是对学生的"宽"！等到事情弄清楚了，责任明确了，该怎么惩罚就怎么惩罚，公事公办，寸步不让，这就是"严"！总之，当学生犯错后，老师在情感上要有"菩萨心肠”，在行动上要有“雷霆手段”。如果学生接受了惩罚，这件事就彻底翻篇，老师从此闭口不提，从心里真正原谅学生的不良行为，待他如初。

3. 社交媒体的距离。网络时代，师生交往的形式较以前更加多样。在QQ、微信、微博等社交软件上，都可以看到师生交往的动态。网络交往确实没必要像在学校交往时那般正式，但教师这个职业毕竟具有示范和育人的特点，因此，班主任和学生在社交媒体上交往时，虽然话风可以活泼一点，但语意还是要严谨。也就是说，不管你怎么跟学生说话，都不要忘记自己的教师身份，都要记得对方是学生，是未成年人。因此老师说的话一定要积极向上，要对学生有促进作用。对于学生在网络上无伤大雅的俏皮话，老师要宽容对待；对于学生通过社交媒体辱骂同学和老师的行为，老师必须严肃处理，严查到底，影响恶劣的，要立刻报警，绝不对这种行为有半点宽容。

宽，不是毫无原则地迁就与姑息，而是理解当事人的做法，事情处理过后，老师对学生要心无芥蒂、爱之如初。

严，不是轻易评价，也不是随意责骂，更不是滥用体罚，而是坚持原则，温和而坚定地按原则办事。

二、要准确地切换角色。语文课上，我会非常严厉地对学生说：“我现在是你们的语文老师，我传授给你们知识，教给你们考试的技能，所以我也是教练。我的课堂立场是，课堂是大家的，任何人都没有资格破坏！谁要是敢破坏课堂纪律，不仅犯了我的大忌，也犯了众怒。我一定会让你吃不了兜着走！”作为一个语文老师，如果我对我的课堂没有鲜明的态度，坚定的立场，那么我还怎么保证我的课堂质量？这就是“严”。设置底线，绝不允许学生突破，一旦突破，严惩不贷！我的柔情不是为故意破坏课堂纪律的学生准备的，我为这类学生准备的只有钢铁般的纪律！

但是，如果学生努力了，成绩却还是不理想，那么我绝对不会对他们冷嘲热讽。我会耐心地帮学生找原因，指导他们如何有效地学习，鼓励他们继续努力，期待下一次能取得好的成绩。这就是“宽”——理解学生的差异，体谅学生的不易，解决学生的困难，帮助学生慢慢地成长。

语文课结束了，我的身份便切换为班主任，我会温和地对学生说：“我现在是你们的班主任，我将不遗余力地培养你们，把人生的智慧传递给你们，为你们未来成为健康幸福的人打下坚实的基础。所以，我允许你们犯错。人就是在犯错的过程中成长的。哪怕你们犯了 100 次错误，我也会原谅你们 101 次！”其实，当我对学生的过错抱有一种接纳的态度时，学生反而很少犯错。他们更愿意遵守规则，更愿意把时间花在学习和运动上。

课间休息或者是课外活动时，我的身份又会切换为邻家大姐姐——亲切、随和。我会主动把我的话语系统切换到学生的话语系统，这样就很容易与学生打成一片。学生很喜欢我，但那份喜欢又带有一些克制，学生的这种状态让我心安。我也很喜欢我的学生，但这份喜欢不会越界，我的克制让我的学生感觉轻松。

如果班主任是中途接班，那么完全没有必要挤入学生的生命场。毕竟在学生的心中，有很多重要的人。新任班主任不要试图去取代前任班主任。新任班主任只要与学生保持得当的距离，且做到宽严相济，就能得到学生的敬重，赢得学生的喜爱。

第二章

班级日常管理

7

学生被敲诈，却不敢告诉老师，怎么办

钟老师，我听生活老师说，我班上的小文同学下学期可能会转学。小文勤奋守纪，他的成绩在班里也名列前茅，深得老师和同学们喜欢。小文为什么要转学呢？在我的追问之下，生活老师说，班上的毛子在寝室里敲诈同学的钱财，有些同学已经被敲诈三四百元了，却因为害怕被报复而不敢告诉家长和老师。小文说，如果毛子的这种行为持续下去，他下学期就会转学，并且还有好几个同班同学也会转走。作为班主任，我要怎样做才能迅速把问题处理好，又不留后患呢？

但凡当过班主任的老师，都可能碰到过学生被敲诈这类事件。而且往往是邪气压住了正气，被敲诈的学生大都会选择有苦往肚里咽，不敢和老师、家长说。

如果我是这位班主任，我的做法是：先打“歼灭战”，然后召开班会，最后总结经验。

一、**从外围着手，吹响“歼灭战”的号角**。我会先找到小文等被敲诈的同学，告诉他们：“老师知道你们被毛子敲诈的事，也明白你们碍于同学关系，且怕被他报复而不敢跟我说。没关系，你们可以把自己或者别人被敲诈的情况以及被敲诈的金额详细地写出来，为保密起见，你们不用署名。”为了让这些学生放心，我让他们分散开，各自写完后，将纸条背面朝上放在我的桌子上。

读完学生提供的材料，我对毛子做过的事情，也基本了解清楚了。根据这些线索，我会把所有被敲诈的学生找出来，请他们写出翔实的文字材料。

拿到这第一份材料后，我就要与毛子会面了。见到毛子，我会开门见山地告知他：“我已经多次接到匿名举报，反映你找同学索要财物的情况。考虑到你的实际情况和今后的发展，为了把这件事情的不良影响降到最低，我想采用内部解决的方式来处理。你自己手写一份保证书，将事情的来龙去脉详细地写下来，并保证以后不再犯这样的错误，再由你和家长将财物归还受损失的同学并道歉。如果你拒不承认，那么这件事就只能交由警察来处理了。若你的行为已经触犯了法律，到时候可能还会走司法程序，这样做的后果我相信你心里应该很清楚。该如何选择，你最好慎重考虑！”当老师将两种处理方式的利弊摆在学生面前时，这个学生肯定会选择第一种方式——写保证书，这样一来这场“歼灭战”就看到曙光了。

拿到毛子亲笔写的保证书后，我就掌握了两份材料，也就有了他向同学索要财物的充分的证据。这个时候，便可以客客气气地把毛子的家长请到学校来。无须过多说明，只需要将所有的文字材料交给毛子的家长过目即可。

通常的情况是，毛子的家长看完这些材料后，不停地向老师道歉，满口应承赔偿那些被敲诈的学生的损失，毛子也会受到学校的惩罚。

二、召开班会，教育其他学生要敢于维护自己的权益。随着“敲诈案”的告破，这场“歼灭战”就算告捷。接下来就要召开班会。班会应当选择毛子不在场的时候召开，班主任要不失时机地教育其他学生：“今后不论发生什么事，大家都要想到你们的背后站着一位足智多谋的‘老班’，我会竭尽全力地为你们提供帮助。请你们一定要记住，这个世界上有好人就会有坏人，有善行就必然有恶举，阳光之下还有阴影呢。因此，人性的光辉之下也有暗影。当我们的权益受到他人侵害的时候，我们要敢于与之做斗争。当然，在斗争的时候，要讲求策略，首先要保护好自己，争取用最小的损失去换取最大的胜利。”

这番话是能起到作用的。因为学生们亲眼看到一起“敲诈案”告破，施暴者也得到了惩罚。此时班主任的一番话无疑巩固了学生们的认知：只要我们敢于斗争、善于斗争，正义终将战胜邪恶。

三、总结经验，提炼防诈斗诈方法。为什么毛子敢在老师的眼皮底下敲诈？而且一而再，再而三地得手呢？除了毛子本身的问题，其余学生有没有问题呢？

有些学生的零花钱比较多，且经常在大家面前炫富，可能引起了毛子的注意。我曾听一个学生对另一个学生说：“既然你那么有钱，拿点出来给他用也是正常的，劫富济贫嘛。”还有些学生胆小怕事，事不关己高高挂起，这样也助长了毛子的邪念。因此，要将毛子的敲诈念头消灭在萌芽状态，也就是防诈，最好的方法就是不要炫富。此外，也要适当地表现出自己强硬的一面，暗示毛子：我不怕你，你敢欺负我，我就有办法对付你！

有些学生平时很低调，人缘好，也从不炫富，可还是会遇到敲诈之事，该怎么办？这就要培养学生和不良行为做斗争的能力了。

在校内遇到敲诈，如果怕人多口杂遭到报复，那么可以写一张小纸条向老师匿名举报。在校外遇到敲诈时，若独自一人，胜利无望，则可以先把钱财给他，保护好自己，再悄悄地记住敲诈者的外貌特征，回家后告诉父母，返校后告诉老师，损失较大时还可以报警。

敲诈是一种犯罪行为，它不是简单的犯错，所以，在做好自我保护的前提下，我们要勇敢地、智慧地与之斗争。

8

学生在课堂上看课外书，怎么办

钟老师，我的班里有一小部分学生对学习不感兴趣，沉迷于网络小说、漫画书等，甚至在课堂上他们也会把课外书藏在课本下面偷偷地看。今天，我在上课时发现一名男生正在看漫画书，我没有声张，只是没收了他的漫画书，但我看不出来他有任何内疚感，事后他也没有向我讨要他的书。钟老师，请问我该怎样继续做他的工作？下次再发现学生在课堂上看课外书，我该怎么办？

作为语文老师，我最喜欢看到学生读书。即便是漫画书，即便是网络小说，读一读也比不读要好。但是，学生若把读书的时间放在课堂上，作为班主任，我又不同意了。那么，该如何化解这个矛盾呢？

我曾经对喜欢在课堂上看小说和漫画书的学生做过调查——你为什么喜欢在课堂上看课外书？答案有如下几种。

1. 喜欢就是喜欢，没有理由。

2. 正看到精彩之处，上课了，可思维还停留在课外书的情节中，于是，上课时就不由自主地拿出课外书接着看了。

3. 老师讲课乏味，课堂没有吸引力，看课外书打发时间。

4. 成绩差，不想学习。

5. 不喜欢任课教师，想故意气气他。

6. 觉得课外书比课本有趣多了，不看真浪费。

任何人都会为自己的行为找充分的理由，学生也不例外。他们在课堂上看课外书，耽误了学习，可他们不但不会觉得这种行为是错的，还会振振有词，觉得自己的理由非常充分。针对这一现象，班主任应及时干预。

一、给予肯定，鼓励读书。“希望大家多读书、读好书、好读书。读书就是读人，读人就是阅世。因此，读书是天大的好事！”这是我对学生说的话。学生一听，心里美滋滋的：“你看，老师多支持我读书啊！”

二、制定班规，规范读书。“读书是好事，但在错误的时间，读错误的书籍，就是天大的坏事。因此，为了以后大家能更好地读书，我们要制定《读书公约》，举办与众不同的读书活动。”当我向学生征求意见时，他们都表现得很踊跃。于是，在大家的努力下，我们制定了《读书公约》。其中特别强调了上课时间不得读课外书。一旦有学生违反约定，就要没收课外书，取消其参加读书活动的资格，还得罚他利用课余时间为班级制作手抄本。

三、提供时间，分组读书。对于那些喜欢读书的学生，一味地遏制他们读书的欲望是不明智的。班主任一定要给他们提供相对固定的阅读时间，满足他们读书的愿望。为了提高读书的效率，班主任可以在班上成立读书社，开出书单，分组读书，把学生平时偷偷摸摸的泛读变成光明正大有品质的精读。

四、选定时间，抵制诱惑。有些学生并不是故意要在课堂上读书，主要是因为书的内容丰富多彩，情节跌宕起伏，学生课间读得太投入，完全被故事情节吸引住了，于是情不自禁地在上课时拿出课外读物悄悄读起来。鉴于此类情况，班主任要帮学生选定读书时间。情节生动、篇幅较长的书，可在长假期间阅读。知识性强、篇幅短小的书，可在课间阅读。网络小说、漫画类书，坚决不允许在课间阅读，一定要让学生回家完成作业后再阅读。

五、优化课堂，吸引学生。学生若是因为学习成绩差，或者是因为老师讲课单调乏味而在课堂上读课外读物，那么，老师不应该仅把错误归咎于学生。老师也应该思考，如何才能把自己的课上得精彩，把学生的注意力吸引过来。作为班主任，我们要帮助学科教师打造深入浅出、精彩有趣的课堂。如果课堂质量有了全面提升，也就不愁学生会上课开小差了。

六、和谐关系，自觉守纪。学生就是这样，他若喜欢你，就会无条件地听你的话；他若不喜欢你，就算你说得再好，他也会充耳不闻。因此，班主任要协调学科教师与学生之间的关系。一定要帮助学科教师树立威信，在学生面前多说学科教师的优点。告诉学生，你们对我这个班主任满意吧？其实，咱们班的学科教师也个个顶呱呱。接着，班主任可以就学科教师的从教经验、职称、学历等方面对其大加赞赏。班主任在班上赞赏学科教师的次数多了，学生们就慢慢认同了，他们会觉得："哟，我们的老师个个都不错，我们还真幸运呢！"只要师生关系和谐了，学生们的违纪行为自然就会减少，逐渐由他律变成自律。就算他们再想看课外书，也会尽量控制自己不在课堂上看，不然，他们会觉得对不起自己喜欢的老师。

每带一个班，我都会遇到类似的情况，每次我都用这些办法化解了矛盾。学生们既能快乐地读书，又不影响学习，这就是"双赢"！

9

学生喜欢在就寝后闲聊，怎么办

钟老师，从开学到现在，男生寝室频繁出现晚寝后闲聊的现象。我找到这些喜欢闲聊的同学，询问理由，加以教导，可是，管理的效果并不明显，下次依然是这样。这种情况已经出现过好多次。有时我还会狠狠地教训他们一顿，但事后又觉得自己不应该这样做。遇到这样的事情，我该如何处理呢？

我不用“杜绝”这个词，因为，没有人可以杜绝学生在晚寝后闲聊的现象，但是减少学生闲聊的频率是完全可以做到的。那么，班主任该如何做呢？

一、交叉安排住宿生。一个班级中，有的学生活泼话多，有的学生沉稳寡言，这是很正常的现象。活泼话多的学生住在一起，必然容易形成闲话联盟。所以，班主任在安排学生住宿的时候，一定要运用制衡原理。将话多的学生与寡言的学生安排在一起，闲话联盟便难以形成，学生之间也能相互影响，为老师的管理提供便利。

二、制定宿舍制度。俗话说，“没有规矩不成方圆”。几个学生住在一间宿舍中，如果没有制度的约束，那么一些自控能力较差的学生就容易受到别人的不良影响做出违纪的行为，而说话影响别人就寝又是最难以管理的一种现象。因此，学生一旦住进宿舍，班主任就应该召集该宿舍的学生开会，本着营造“干净、清静、宁静”的宿舍环境的原则，制定易遵守且惩罚有度的宿舍管理制度。比如，针对晚寝后闲聊这一现象，管理制度可以这样制定：晚寝后故意说闲话引大家起哄或者影响别人休息者，第一次违纪，帮助宿舍内所有同学打开水；第二次违纪，在打开水的基础上添加打扫和整理宿舍的任务；第三次违纪，完成打开水、打扫和整理宿舍，以及打扫教室的任务；第四次违纪，由班主任通知家长到校与孩子一起完成以上几项劳动任务。切记，宿舍制度的制定一定要得到宿舍内所有学生的同意。制度打印出来后，要加盖班章，由班主任以及宿舍内每个学生签名确认，然后张贴在宿舍最显眼的地方。

三、**选宿舍长**。制度制定后，如果没有得到有效的执行，就只是一纸空文。因此，选一个得力的宿舍长非常关键。选宿舍长的标准是，要有执行力，有正义感，自控力强。千万别冒险让那种缺乏自控力的学生来做宿舍长。因为他们本身的自我约束能力就弱，管理的时候难免会放松对别人的要求。再者，宿舍不同于教室，班主任不能在第一时间了解情况。因此，宿舍长必须是班主任最可靠也最信任的助手。如果这个助手选错了，班主任的宿舍管理任务也就难以开展了。

四、弘扬正义，鼓励举报。有的宿舍长和同住的同学关系特别好，碍于情面会帮忙隐瞒一些事实。所以，班主任要在班上宣传弘扬正义感的重要性，并且鼓励学生举报违纪行为。还要告诉学生，举报不良现象和背后告密是两种有着根本区别的行为。告密是为了达到某种不可告人的目的，是卑劣的行为；举报则是与不良现象做斗争，是会对班级管理工作产生积极影响的正义行为。

五、监督到位，奖惩分明。制度再好，鼓动性话语说得再激昂，如果没有明确的监督机制，制度就很难落实到位。因此，班主任除了把监督的权利交给宿舍长以外，也要发动宿舍里的每一个学生进行监督。有了明确的监督机制，还要奖惩分明。对于做得好的同学，班主任要给予奖励；对于违纪的同学，班主任要依照规定进行惩戒。

六、狠抓典型，重点打击。宿舍中的每个学生都拥有不同的性格：有的雷打不动，有的一牵就动，有的跟着起哄，有的自己乱动。班主任要明察暗访，把自己乱动并且还要带着其他学生乱动的典型找出来，进行重点打击。班主任不要奢望整顿一次就能一劳永逸，这一定是一场持久战。

七、文明宿舍评比。不论是孩子还是成人，心里都有一份对荣誉的渴望。所以，班主任要定期进行文明宿舍评比，对荣誉感的追求会使一些学生主动约束自己的言行。班主任还可以在奖励形式上进行创新，比如，哪个宿舍获得文明宿舍称号，这个宿舍里的同学就可以到老师家里做客，吃到由老师亲自做的美味菜肴。

八、构建宿舍文化。一个班级要有班魂，一个宿舍也要有舍魂。这个“魂”实际上就是一种文化，这也是一种隐形的教育资源。很多班主任都重视教室文化建设，却忽略了宿舍文化建设。可以让学生给自己的宿舍取一个雅致的名字；也可以自己拟写一些标语，标语的内容最好和“静”有关；还可以让学生用吹塑纸剪一些漂亮的图案贴在墙壁上；让每个学生养一盆花草；等等。在一个环境优美的宿舍里，在一个有花草点缀的宿舍里，在一个由学生自己付出劳动精心布置的宿舍里，他们是不愿意高声喧哗、破坏环境的。因为自己亲手创造的美好，舍不得轻易破坏。

九、培养学生的维权意识。宿舍是学生放松心灵的地方，因此，很多学生在宿舍里就个性还原了，他们的每个行为都是在本色出演。潜藏在他们内心的个性和躁动，在夜深人静时，在言语交流之间，就会展现得淋漓尽致。仅靠制度约束和宿舍长监督，可能收效甚微。因此，班主任必须培养全体学生的维权意识，要告诉学生：晚寝后是大家休息的时间，没有谁可以超越权限干扰别人休息。只要超越权限影响了别人休息，就是侵犯了他人的权益，那么被侵犯者就应该勇敢地站出来维权。通过正当方式维权的学生是勇敢的，是光荣的，他们是宿舍的先进分子，是班级的文明学生。

10

学生做作业的速度特别慢，怎么办

钟老师，这个学期我们班来了个插班生，从开学到现在，所有的老师都反映他做作业的速度非常慢。仅从语文学科来看，两个小时他才在小字本上写了一页字！为了帮他提高做作业的速度，我特意给他讲了做作业要全神贯注，要心到手到，但是效果不是很好。他的妈妈告诉我，他在家里刷牙、吃饭的速度也很慢，他妈妈还希望我能帮他加快做事的速度。可是我觉得我已经黔驴技穷了，真心希望您能指点一下，对于这样的"慢学生"，我怎么做才能让他快起来呢？

张文质先生说过，"教育是慢的艺术"。我理解的"慢"，并非是干活慢、做事慢，而是教师要有一种等待的心态，等待学生慢慢地由幼苗长成茁壮的大树，由幼稚走向成熟，由懵懂变得渊博。因此，我们应该用慢心态去对待成长缓慢的学生。当然，慢心态并不是消极无为的等待，而是以一种等待的心态积极地帮助学生成长。那么，落实到行动上，班主任该怎么做呢？

一、调查了解，追根究底。造成学生动作慢的根本原因是什么？这就要深入学生的日常生活去调查了解。有些学生天生就是慢性子，这是难以改变的。有些学生是因为家长过于溺爱，事事包办，所以导致其动手能力极差。还有一些学生是因为娇气，不愿意动手，久而久之，就形成了做事拖拉的习惯。凡事都是有原因的，只有找到学生动作慢的真正原因，才能对症下药。

二、认真分析，行为分类。把做事拖拉的学生的性格特点、家庭背景、生活习惯、学习习惯了解清楚后，班主任就要进行分析，然后按照一定的标准进行分类。

1. 先天生成。有些学生天生就是慢性子，无论老师怎么要求，他们的动作都快不起来。有一天，学生都在操场上玩。突然，毫无预兆地下起了暴雨。操场上的其他学生都在第一时间跑回了教室，只有小龙还在慢腾腾地往回走。等他回到教室，他的衣裤已经全部被雨水淋湿了。老师怕他着凉，让他回宿舍换掉湿衣服。小龙又慢腾腾地回宿舍，等到他把衣服换好走回来，一节课都上完了。老师向小龙的父母抱怨，说小龙的动作太慢了。家长苦笑道，这孩子从小做什么事都比别的孩子慢，无论用什么方法，都没办法让他快起来。像小龙这样的“慢学生”，很多老师都曾遇到过。

2. 能力不足。在小学低年级，有些学生的神经肌肉发育得还不充分，手眼协调能力也还不完善，所以在做事的时候行动比较缓慢。我的孩子刚上小学时，每天回家写生字，一写就是一个小时，写完后还叫嚷着手心疼。他在学校做作业也比别的孩子慢，老师找我谈了好几次。我知道是孩子年龄小，发育又比同龄孩子慢一些，也就没有催促他。到了小学中年级，他写字也就不成问题了。读初中后，他再也没出现动作缓慢的现象。

3. 知识掌握不牢固。有些学生写作业的速度慢，不是因为他们本身动作慢，而是他们在听课时没把知识弄懂，以至于出现了知识漏洞。因此在做作业的时候，他们会用比别人更多的时间来思考，直接影响了做作业的进度。

4. 注意力分散。有些学生头脑灵活，但就是很难集中注意力，而且极容易受到外界因素的影响。窗外飞过一只小鸟，也会让他们注视半天。面对作业本，他们的眼睛看着题目，手上却玩着橡皮擦或者铅笔，老师提醒后，他们才会把思绪集中到作业上来。

5. 三心二意。现在很多学生喜欢一心多用。比如，一边做作业，一边听歌；一边看书，一边吃零食。有时是三五个同学成群，一边做作业，一边聊天。或者是作业做到一半，以喝水、上厕所为借口，到处逛一逛。等回来继续做作业时，思路又接不上了，于是又得从头思考。时间花了不少，作业却没做多少。

6. 家庭学习环境欠佳。有些父母对孩子要求颇高，对自己却是无所要求。孩子要做作业，家长却在一旁看电视。或者是孩子做作业时，家长问东问西，给孩子造成极大的干扰。孩子始终静不下心来，做作业的速度自然受到影响。

7. 娇生惯养，拈轻怕重。有些学生本来动作并不慢，主要是家长过于溺爱。这类学生在家里过的是饭来张口、衣来伸手的日子。由于长期缺乏锻炼，他们做起事来毫不用心，自然动作就比别人慢一拍了。

8. 对抗家长和老师。有些学生是因为不满家长或老师对自己要求过于严格，或者是家长、老师曾经许诺却又失信于自己，所以心里对家长和老师极为不满，于是就用怠工、拖拉的方式消极反抗。曾有学生说自己做作业慢是故意的，目的就是让老师和家长觉得自己做作业慢，于是就能少布置一些作业。

三、对症下药，行为矫正。分析了学生做事拖拉的原因之后，老师就要针对不同的原因进行干预。

1. 给予信任，选择等待。对于那种先天生成和能力不足的学生，我们要给予极大的信任，用一种慢心态去等待他们成长。天生做事慢的学生，随着年龄的增大，有些会逐渐加快做事的速度；能力不足的学生，只要我们耐心等待，他们就能收获进步。对于这两种学生，耐心等待是最好的方法。

2. 降低难度，多加鼓励。对于知识掌握不牢固，存在知识漏洞的学生，我们在帮助其补漏的同时，还要给他们降低作业难度。然后，多多鼓励他们，帮助他们树立自信心。对于这类学生，使用赏识教育更容易见效。

3. 趣味比赛，奖惩结合。针对注意力容易分散，或者做事三心二意的学生，老师可以从学生的兴趣入手，设立一些小比赛。比如，同桌互比、小组竞赛。比赛之后，要及时根据比赛结果对学生进行奖惩。奖要奖得令学生兴奋，甚至还可以给学生的家长发奖。惩要惩得令学生服气却不会灰心，还要帮学生树立一路狂追的决心。这样的奖惩方式才能达到效果。

4. 家校结合，营造佳境。学生的家庭环境欠佳，或是从小娇生惯养，这些问题的根源都在家里，因此，班主任要在学生的家庭环境上做文章。首先，与学生的家长达成共识，结成家校联盟。其次，与家长一起制定共育制度。班主任对家长的要求是，不能在孩子做作业时随意打扰，平时对孩子要多鼓励少批评。总之，不论用什么方法，目的都是要给孩子创造宁静、和谐的学习环境。另外，对于娇生惯养的孩子，要让家长改变观念，不能再对其一味地顺从溺爱，而是要进行适当的挫折教育。

5. 成人反思，共创和谐。如果孩子出现对抗老师和家长的行为，那么，我们不能仅仅指望孩子去反思，成年人应该先主动反思。通过反思，找到自己的错误。该道歉的道歉，该补救的补救，该改正的改正。

然后，再与孩子进行沟通交流。成年人要与孩子在思想上达成一致，共创和谐关系。正如林格先生所言：关系大于教育。只要关系处理好了，有时无须干预，孩子的很多缺点就能慢慢改正。

学生做事拖拉的原因非常复杂，不同的学生，不同的成长背景，成因都是不一样的。因此，班主任与其去研究管理的方法，还不如去研究人。只有真正走进了学生的内心，班主任才能从根本上帮助他们健康成长。

11

学生对什么都不屑一顾，怎么办

钟老师，我的班里有个男生，不知道为什么，他似乎对什么都不在乎，做什么事都懒洋洋的。有一次他少领了一本书，我让他去行政楼补领，他竟然说："算了，不要了。"请问，对于这样的学生，我该怎么教育呢？

这个学生为什么会表现出对什么都很不屑的态度呢？解决问题的思路如下。

一、追根究底，找到问题产生的原因。人的性格的形成，会受到各种因素的影响，只有找到根本原因，才能有针对性地解决问题。

1. 家庭因素。比如，亲子关系遭到破坏，或者父母离异、亲人生病、家庭贫困等。总之，是家里出了问题，影响了孩子的情绪，所以，孩子心灰意冷，对很多事物都不在乎。

2. 个人因素。有的学生性格内向、自卑，各方面的发展都不如意，很少有成功的体验，所以他会假装对什么事都不在乎，心里其实不然。

3. 心理需要。现在有一些学生受网络灰色文化的影响，总喜欢摆出一副不屑一顾的姿态，其目的就是扮酷，吸引别人的注意力，以满足某种心理需要。

4. 灵魂沉睡。一些学生缺乏努力的目标，没有信念感，灵魂处于沉睡状态。一个沉睡的人，是不可能对周遭的人和事感兴趣的。

二、见招拆招，对症下药。按理说，年轻人是朝气蓬勃的，可现在有些人年纪轻轻却目光冷漠、动作迟缓、说话做事有气无力，好像对什么事都无所谓的样子。很多时候，学生冰冷的眼神浇灭了想要靠近他的老师的热情。对于这些学生，我们是不是就没招了呢？俗话说，“精诚所至，金石为开”。只要班主任愿意用热情和真诚去唤醒学生的生命激情，我相信，学生是会被感化的。那么，我们该如何做呢？

1. 把关爱植入学生心里。不管学生是怎样的性格，他都不会拒绝别人真心对他好。以前我教过一个学生，在很多老师眼里他高傲无比，对身边的人和事，他都漠不关心，尤其是对女生，他连正眼都不瞧一下。通过调查了解，我发现是由于他父母的关系紧张，才导致他对别人抱有偏见。所以他索性破罐子破摔，对一切都不在乎。我没有单独找他谈话，只是每天给他写一封短信，嘱咐他天气凉了要加衣服，咳嗽了要记得吃药，学习之余要坚持运动，等等。除了他的家庭情况，我真是无话不说。之后很长一段时间，这个学生对我的试探都没有任何反应。我没有放弃，还是固执地每天给他写一封短信。直到有一天，我突然发现这个学生看我的眼神变得柔和了，运动场上也出现了他的身影。我惊喜得不得了，继续给他写短信，把自己看到他的改变后的惊喜告诉他。写了50多封信后，我停下来了。因为我觉得累了，没话可写了。可就在这时，他居然给我回信了，他在信中写道：“老师，您怎么了？是不是我让您心情不好了？每天读您的信都已经成了我的习惯。今天，没有收到您的信，我觉得好失落，是不是您不再关心我了？”看着他的回信，我激动得热泪盈眶，他心里的坚冰终于被我融化了，他的生命重新焕发出了激情！

2. 让学生的优点闪光。成绩优秀、学习习惯良好的学生，很难对身边的事物不屑一顾，他们对人对事一般都会表现出一股热情。相反，对一切都不在乎的学生，大都学习成绩不理想，且学习习惯也不太好。对于这类学生，老师的批评只会让他们更不屑。因此，班主任要竭尽全力去发现他们的长处，然后寻找机会，让他们把自己的长处表现出来。有个学生，反应总是比别人慢，别的同学都说他是“笨蛋”，于是这个学生自卑了，总是独来独往，眼神冷漠而孤独，班级活动他从不参加，也从不主动和同学沟通。老师批评他，他就站在一旁，冷冷地盯着老师，一言不发，偶尔嘴角还露出一丝冷笑。班主任也拿他没办法。后来，班主任发现这个学生的乒乓球打得特别好，于是就在班里组织了一场乒乓球比赛，这个学生一举夺魁。从那以后，班主任经常在班里表扬他，说他乒乓球打得好，如果能持续练习，那么说不定还能进国家队。后来，这个学生对体育运动产生了浓厚的兴趣，并考上了体育类大学。

3. 把学生的关注点引到主流文化上来。现在的网络文化五花八门，学生年龄小，还未形成正确的价值观，极容易受到一些灰色文化的浸染，以为对什么都不屑一顾就是一种酷。因此，班主任要定期召开主题班会，比如，以“理想”为主题，以“价值观”为主题，以“信念”为主题，以“如何抵制网络不良文化”为主题等，通过班会坚持不懈地把正确的价值观输入学生的心中。我相信，学生一旦形成了正确的价值观，就会产生正确的行为。

4. 唤醒学生沉睡的灵魂。每个人的灵魂，能直接反映这个人的心灵和思想，只是有些人的灵魂很健康，很活跃，并且还在不停地寻找更高的居住地，而有些人的灵魂则沉睡不醒。灵魂沉睡的学生，他们的举止就像在梦游。一个梦游的人，怎么可能对身边发生的事情充满激情呢？因此，班主任的任务就是去唤醒学生的灵魂。通过讲故事、读美文的方式震撼他们；用其父母的故事、老师的故事去感动他们；用发自心底的理解、欣赏和肯定去温暖他们。我相信，假以时日，他们沉睡的灵魂一定能被唤醒。

教育是一个慢的过程，很多时候我们做了很多事，或许当时没看到效果，但10年后、20年后一定能见效。因此，班主任不必追求立竿见影的效果，放平心态，静待花开，你就会看见生命成长的美好姿态。

12

学生上课时不喜欢回答问题，怎么办

钟老师，您好！我是一名初中的班主任，我有个问题想向您请教：学生上课时不爱回答问题，不喜欢和老师互动交流，老师很难掌握学情，该怎么办呢？

学生为什么不愿意在课堂上回答问题？原因无非以下五种。

1. 没听懂老师所讲的内容，不知道怎么回答。

2. 不善表达，不知道怎么组织语言回答问题。

3. 胆小，不敢在公共场合表达自己的想法。

4. 班里的同学喜欢起哄，怕回答错了被同学嘲笑。

5. 纯粹不想回答，不想说话。

针对学生上课时不愿意回答问题的现象，班主任究竟该怎么办呢？

班主任必须表明自己的态度与立场，要明确地告知全班学生：积极回答问题是每个学生的权利，沉默不语也是每个学生的权利，但老师希望每一个学生都能在课堂上积极发言。

班主任还要在此基础上向学生提出要求——面对老师提问，学生不管能否回答，都要及时给予反馈：若是能回答老师提出的问题，就要大声地说出答案；若是不能回答，可以大方地告诉老师，请老师把相关知识点再讲解一遍。

我之所以要求每个学生都把听课的情况反馈给老师，是因为只有这样，老师才可以根据学生的学情来及时调整自己的教学方法和内容，以达到教育效果最大化。

还有一个要求学生积极回答问题的理由，那就是老师向学生提出问题后，如果学生没有任何反应，那么，长此以往，会对老师的职业信心造成打击，老师容易产生职业倦怠感。

班主任若能诚恳地向学生说明自己的立场和课堂要求，相信大多数学生都会主动配合老师。对于那些确实不愿意回答问题的学生，班主任就要找到原因，分类解决。

一、整顿喜欢起哄的班风。有些班级存在这样的现象，不管谁来回答问题，只要答得不够准确，马上就会响起一阵哄笑。回答者在哄笑声中自觉颜面尽失，之后就再也不想回答问题了。每次老师提问时，那些自尊心受过打击的学生就会低首垂眉躲避老师的视线，就算是被老师点名回答问题，他们的表现也大都令人失望，要么支支吾吾，要么默不作声。

我在班里立了一个规矩，那就是：不论哪一位同学站起来回答问题，不管他表现得怎样，其他同学都不可以做出负面评价，更不可以起哄。规矩一出，起哄的现象很快就消失了。经我调查得知，之所以此类现象频发，是因为参与起哄的学生都曾经被别人嘲笑过。在他们看来，这样以牙还牙，会让他们有一种莫名的兴奋与刺激感。通常情况下，只要班主任站出来制止，这种现象很快就能销声匿迹。

只要让学生感觉课堂上充满了安全感，他们回答问题的积极性和勇气就会倍增。

二、尊重那些不喜欢在公众场合表达想法的学生。我曾经教过一个学生，她的学习能力极强，表达能力出众，考试成绩也很突出，但她就是不喜欢举手回答问题。我问她原因，她说，她最喜欢听别人答题，她在听的过程中获得的启发，远比她自己回答问题所获得的启发要大。我知道她是一位非常出色的倾听者，就尊重了她的选择。这个不喜欢回答问题的学生在学习的道路上一路高歌猛进，拿到了博士学位。

这就说明，学生上课不爱回答问题，不等于他就不具备学习的能力，特别喜欢回答问题的学生，也不一定就是学业上的优胜者。事实上，我从教 30 多年，发现有些学生在课堂上特别活跃，往往并非因为他们的学习能力特别出众，只是他们的性格比较活跃，喜欢表达罢了。

三、训练学生的胆量。很多学生上课不爱回答问题，主要原因是胆子小。对于此类学生，班主任不应去苛责、强迫他们，而是要训练他们的胆量，具体怎么训练呢?

1. 回答问题时，把自己想象成明星或者成功人士，为自己增添自信感，这样一来就显得底气十足了。

2. 对着镜子，看着镜中自己的眼睛说话，回答问题时，也要尽量看着提问者的眼睛。反复训练，假以时日，就能逐渐克服胆小的毛病。

3. 增加在公共场合练习的时间。心里越是害怕，越要勇敢面对。班主任要刻意在公共场合训练那些胆子小的学生，多给他们一些说话的机会。比如，在义卖现场，让胆大的学生带着一群胆小的学生去吆喝叫卖。再比如，学校举办运动会时，让啦啦队长带着一群胆小的学生给运动员呐喊助威。这样有针对性的训练，有助于提升学生的胆量。

4. 利用假期参加公益活动。把胆小的学生组织起来，由老师或者家长带队，到社区参加一些公益性活动。这样不仅能让胆小的学生交到更多的朋友，还有助于增强他们的自信心。

班主任一定要记得，训练学生的胆量不能只靠讲道理，而是要有针对性地刻意训练。

四、训练学生的表达技巧。上课时，其实大部分学生都能听懂老师所讲的知识点，但有些学生就是不知道怎么把自己的想法准确有序地表达出来。针对此种现象，班主任要刻意训练学生的表达技巧，教他们如何回答问题。

1. 判断正误类问题。回答模板：我认为这个观点是对的（错的），理由是……

2. 表达观点类问题。回答模板：我的观点是……，请大家翻到课本的第 × 页，看第 × 段，我的依据是……

3. 反驳观点类问题。回答模板：我对 ×× 同学的观点持反对意见，理由如下……

不同的课堂，不同的话题，均有不同的回答方式。班主任要善于观察，善于提炼和总结，把准确有效的表达之术传授给学生。

五、训练学生大声说话。我本人说话中气十足，所以我会刻意训练学生大声说话。明确地说，我不是音乐老师，对于如何进行发声训练，完全是门外汉。我只是凭借经验，怀抱一腔热情，凭着一股子倔劲，逼着学生把话说清楚，把音量提高，让听者能轻松地听明白。归纳起来，我在 3 个方面用了心，也费了时，且效果很好。

1. 用七言律诗训练音量。要求说话音量小的学生采用“二二三”的节奏大声朗诵七言律诗，反复朗诵，直到音量达标为止。

2. 用啊（一声）、啊（二声）、啊（三声）、啊（四声）进行四声调连声训练。“啊”是开口音，不管学生读哪一个声调，嘴巴都得尽量张大。学生张嘴发声时，要特别提醒他们把气沉在丹田，不能单纯用嗓子发声。

3. 时刻提醒，给予鼓励。对于那些说话音量比较小的学生，在他们说话之前我都会给予提醒：一定要把声音放出来，大声地、毫无顾忌地把自己的想法说出来。提醒之后，我还会给予鼓励：你是经过训练的，你是有能力把你的想法准确地表达出来的，来！请大声地把你的想法说给大家听听。学生受到这样的鼓励之后，说话的音量一定比原来的音量要大。

只要学生能够大声地把他的想法清楚明白地表达出来，他就有胆量在公共场合回答问题了。

还有一点班主任要清楚，学生年龄越大越不喜欢回答问题，这纯属正常现象，不必强求。

第三章

中途接班

13

中途接班，不知道如何开好第一次家长会，怎么办

钟老师，这个学期我接手了一个新的班级，对这个班的家长还不熟悉。我想开一次家长会，但我心中没有底，害怕自己考虑得不周全，做得不够好，不能给家长留下好印象，会因此影响后续班级管理工作的开展。请问，我该怎么办呢？

中途接班，对班主任来讲，接手的是一个全新的班级。开学第一周，工作繁忙，为避免因准备不充分导致忙而无效，家长会可暂缓召开。

到了第二周，班主任就应该着手通知家长来学校开家长会了。中途接班的班主任究竟要怎么开这次家长会才能赢得家长的认可呢？

一、制作一份精美的家长会邀请函。邀请函上可写“为了您的孩子、我的学生能够健康成长，诚邀您来 ×× 学校 ×× 班级共商教育大计”。还要将开会的时间、地点等，清楚地写出来。邀请函打印出来后，可加盖班章或由班主任签名，以示班主任对此事的重视。

如果这份邀请函能让家长感受到班主任对他的重视与尊重，那么班

主任也会收获来自家长的尊重与接纳。

二、精心布置教室。既然是请家长来学校开家长会，对于家长而言，学校就是客场，那么作为东道主，班主任就有义务把教室布置一番。该如何布置教室呢？干净、整洁、有序足矣。

教室墙壁上的装饰物坏了、乱了，要及时换掉。教室地面要打扫干净，不能有垃圾。桌椅要摆放整齐，桌面上不要摆放物品，抽屉里的书本应整齐叠放，在桌角贴上写有学生姓名的贴纸，以便家长能快速找到位置入座。教室前方的黑板上可以写上欢迎词，如“欢迎各位家长光临 × × 班家长会”“因为您的参与，我们更有信心”等。内容可感性，可理性，可诗意，可平淡，只要能表达出班主任的真情实感即可。

只有将教室布置得干净有序，家长看到后，才会觉得自己的孩子每天都在这样的环境中学习和生活非常放心。

三、注重自身形象。仪表是班主任心灵的外在表现，新任班主任在开家长会前，应保证自己的仪表形象干净整洁。女班主任可以化淡妆，男班主任应刮掉胡须，必须衣着得体，举止大方。总之，女班主任要优雅，男班主任要儒雅。

有些老师可能会说，开家长会而已，有必要那么隆重吗？人与人的初次交往，第一印象很重要，所以与家长第一次见面，班主任很有必要把自己打扮一新，让家长觉得你是一个很自信且有能力的人！

四、不卑不亢地做自我介绍。中途接班，班主任和家长彼此都是陌生的，因此，中途接班的班主任很有必要向家长介绍自己。

班主任在做自我介绍时，应避免对自己以往的成绩大肆宣传。如果确有必要，那么可以提前跟学校领导沟通，请校领导来班里向家长介绍新任班主任。校领导的评价应尽量客观、中肯，不可过于夸大。

不过，大多数班主任都会觉得没有必要请校领导来介绍自己，自己客观地向家长做自我介绍即可。毕竟一个老师好不好，还是学生说了算。

自我介绍要介绍哪些信息呢？姓名、学历、教龄、近三年的带班成绩，成为该班班主任的原因等。介绍完毕后班主任可以在家长面前表一表决心：各位家长朋友请放心，虽然我是一个中途接班的班主任，但我一定会加倍地关心，真诚地对待每个学生！

五、回顾学生过往的成绩。对于家长来说，孩子的成绩是个无法回避的问题。因此，中途接班的班主任应该对学生上一学期的期末考试成绩做全面深入的分析。

班主任向家长回顾学生过往的成绩时，不能局限于个体，而要着眼全班。比如，班级总分大致分布，每个学科的优秀率是多少，及格率是多少，不及格率是多少……总之，就是把班级成绩的整体情况展示给家长看。如果接手的班级成绩比较好，那么班主任可以信心十足地告诉家长，你会更加努力，推动班级成绩更上一层楼！如果班级现阶段的成绩不够理想，那么新任班主任可以用温和真诚的话语告诉家长，不必过于焦虑，只要孩子从现在开始努力，一切都不算晚！为了让家长对自己的孩子充满信心，班主任还可以给家长讲一两个后进生经过努力逆袭成功的故事。这样的鲜活事例，往往会产生意想不到的效果。

六、表明自己的态度。中途接班的班主任想要快速被家长接纳，就需要旗帜鲜明地表达自己的态度，直言不讳地把自己的想法和做法告诉家长。

首先，向家长表明：我非常乐意当这个班的班主任，相遇就是缘分，我一定会认真对待所有的学生。

其次，要向家长表明：我有充足的时间来陪伴班上的学生，并且是生命在场的高质量陪伴；我有信心，也有能力带好这个班，教好我的课。

新任班主任表明了态度，家长心里的不安就减轻了，转而会对新老师好感倍增，对班级的发展充满希望，对自己的孩子也会充满信心。之后班主任开展工作，家长就会特别配合了。

七、介绍自己的教育理念。虽然家长们都很看重孩子的成绩，但他们更希望自己的孩子在学习的同时也能健康成长。因此，新任班主任一定要理解家长的心理，开诚布公地向他们介绍自己的教育理念。比如：

各位家长朋友，“知识改变命运”是我一直坚信的理念。所以，引导、鼓励学生努力读书是我一直在竭尽全力去做的事情。无论何时，我都相信，对孩子最好的投资，就是教育！

我一贯秉持“以生为本”的教育理念，不遗余力地向学生传递人生的智慧，培养学生的可持续发展能力，为学生的未来发展打下坚实的基础。

…………

特别要注意：当今与时俱进的教育理念有很多，你向家长介绍的教育理念，一定是自己深信且能落到实处的观点。若只是人云亦云，说了却做不到，还不如不说。

八、定位家校关系。健康的家校关系从学术角度来讲，就是合作型民主关系，但这种表述太学术化了，我想把它简化为合伙人关系。什么是合伙人？简单地说，就是搭伙做生意的人。老师和家长投入时间和精力，就是希望学生能获得更多更好的成长养分，学生的健康成长就是老师和家长这对合伙人想要获得的利润。

老师和家长既是合伙人，也是同乘一艘船的乘客，必须互相理解，互相支持，守望相助，共同进退。

九、介绍新的学科教师。如果班里新增或调整了学科教师，班主任就要向家长详细介绍他们的基本信息。对于学历较高、能力突出的学科教师，就重点展示该学科教师的教学能力以及教学成果；对于年纪较大、经验丰富的学科教师，应强调其丰富的教学经验，耐心细致的性格，爱生如子的品行。总之，要抓住学科教师的闪光点，再放大这些闪光点，让家长听了既兴奋又充满希望。

十、面对面建立两个沟通群。虽然现在每个班级都会有很多家校沟通群，但我还是建议新任班主任在家长会即将结束时与家长面对面建立两个沟通群：班级 QQ 群和班级微信群。班级 QQ 群多用于发送文件，方便家长储存班级文件及活动照片。班级微信群家长关注度更高，信息传递更及时，可用来进行家校沟通。

建好群后，班主任要当场立下规矩。

1. 只谈与学生学习有关的问题，涉及学生私德的内容，必须私聊。

2. 不对班里任何一个学生或家长进行负面评价，不在群里询问学生的成绩。

3. 一切与学生成长无关的内容都不可以转发到群里。

4. 不随意刷屏。

5. 家长有疑惑可私下向老师了解，不宜在群里议论。

我中途接班时，更倾向于提前行动。我会在 8 月中旬建立家校沟通群，提前与家长接触，以便了解更多的信息，也让家长能及早认识与接纳我。我可以要求自己这么做，但我无权要求其他中途接班的老师在假期开展工作。因此，我前面所说的在家长会上和家长们面对面建群只是常规做法，老师建群的时间，可以根据自己的实际情况确定。

最后还有个建议：班主任可以把家长会上的发言内容提前整理成发言稿，或制作成课件。这样一来，班主任的发言会更有条理，也会更生动。

中途接班的班主任与家长的第一次见面很重要，一定要利用“首因效应”获得家长的认可，争取打响第一炮！

14

中途接班，不知道怎么建设班级管理团队，怎么办

钟老师，学校安排我接手一个新班级。目前还不确定是哪个年级，但不是起始年级，我很惶恐，不知道怎样建设配合度高、执行力强的管理团队，请您支招。

中途接班的班主任如何建设班级管理团队，要视接班年级而定。

一、如果接手的是毕业年级，比如，六年级、九年级、高三年级，那么团队建设工作不可操之过急，也不必大动干戈全面换血。

新任班主任要先考察班级原有管理团队是否健全，管理制度是否完善，管理者是否能独当一面。如果上述答案都是肯定的，那就可以先维持原状，让班级管理工作正常运转。接下来，新任班主任要及时召开团队管理会议，明确地告诉团队成员，你这个新任班主任不仅会尊重他们原有的管理模式，而且很依赖他们。同时，还要开宗明义地对管理者委以重任，向他们表明：班风好不好，学风浓不浓，很大程度上取决于管理者是否积极参与班级管理。以此来增强他们的责任意识。

在维持原状的情况下，班主任也要召集班级核心管理者（班长、学

习委员、纪律委员、宣传委员、劳动委员）开会，了解各管理者的能力与岗位是否匹配。若能力与岗位相匹配，则保持原状；若能力与岗位不匹配，那就应重新物色能力强的学生代替。有些老师可能觉得自己才刚接班就大动干戈，对管理者进行换血，会动摇军心。这种担心并非没有道理。因此，在具体实施时，不可太激进。我推荐的做法就是增设岗位，这样做可能会造成人事臃肿，但有个最大的好处就是不会伤及学生的自尊心。教育管理和企业管理的根本区别在于：教育是通过管理帮助学生健康成长，企业则是通过管理来获取利润。加之咱们接手的是毕业班，工作重点不是团队建设，而是带领学生备考。

除了班级管理团队，接班老师还要了解原有课代表队伍的情况，管理能力比较强且业务熟练的课代表要留用。我接手璀璨六班时，得知语文课代表与原来的语文老师配合得相当默契，布置作业、收发作业、讲评作业、组织朗读，甚至协助老师讲新课她都得心应手。这样一个业务熟练的成熟课代表，我怎么可能不重用呢？我把她升级为首席课代表，又给她配备了三个助手，协助她督促、收发、统计作业。九年级这一年，她这个课代表做得游刃有余，我也有了更多的精力管理班级事务，中考成绩出来，她的语文成绩名列前茅，璀璨六班的语文总成绩也相当棒！

毕业班课代表队伍的建设原则就是：在原有的基础上壮大队伍。语文、英语这种需要记忆、抄写、默写的学科，一个课代表往往会忙不过来，所以最好给课代表配备 2—3 个助手。其他学科也可以根据实际工作量给课代表配备必要的助手。

至于卫生小组的建设，如果接手的班级以前很少出现卫生方面的问题，平时教室里的卫生情况也不错，那么对于毕业班来说，实在没必要大动干戈搞改革，维持原状是所需成本最低、效果最好的策略。习惯的力量非常强大，学生已经延续了两年的习惯，实在没必要在最后一年进行改革。接班老师还不如把心思花在班本课程的开发上。比如，指导学生如何有效学习，指导男女学生如何正确交往，指导学生如何管理好自己的情绪，指导学生如何优化自己的性格，等等。

还有一些学生，他们在班上没有担任任何职务。新任班主任一定要重用这些学生，帮助他们找到自身的价值感。具体要怎么做呢？可以根据他们每个人的特质和班级管理需要，给他们设置专属岗位。比如，饮水机管理员、图书管理员、劳动工具管理员、空调管理员、电脑管理员、考勤员、复印员等。这样因人设岗的做法，能让每个学生在班级管理工作中都发挥作用，实现自己的价值。

如果接手的是毕业班，那么团队建设必须遵循“一个中心，两个基本点”的原则，即以“维稳”为中心，以“维持原状”和“小面积变动”为基本点。另外，新任班主任在初期还需要做到“三勤”：眼勤、嘴勤、腿勤。万不可做“百事不看，万事不管”的甩手掌柜。

二、如果接手的是非毕业班，团队建设工作就不必保守，求稳不是最优选择，大胆变革才能找到治班良策。

首要任务是班级管理团队的变革。

第一步，对班长进行综合考评。班长是班级风气的风向标，是班级舆论的引导者，是班级发展的主力。如果班长能力不足，缺乏行动力，没有决断力，人际关系存在问题，价值观有偏差，班主任就要果断更换班长。

什么样的学生能胜任班长一职呢？

1. 要有梦想。既然班长是班级风气的风向标，那么班长就应该带领同学一起构筑班级发展梦。也就是说，班长应该协助班主任描绘出班级愿景。班长是团队的领队，如果领队没有梦想，灵魂极为干涸，那么怎么可能带着大家走向光明的彼岸？正如《西游记》中的唐僧，他有梦想，他始终专注于一件事，那就是去西天取经普度众生，不达目的不罢休。最终，唐僧带领着徒弟在历经九九八十一难之后，终于取得真经。

2. 要有规则意识。理性的管理者首先要能约束自己，然后还要做到对事不对人。感性的管理者往往是把感情放在第一位的，所以在管理时容易对人不对事。班长是管理团队的领头人物，如果班长出了问题，其他岗位的人员就容易乱套。

3. 要具备良好的人际关系。简单地说，就是既能坚持原则，又能获得同学的支持。班长要明白，管理在于对人的激励，也就是在满足他人需求的同时，向他人提出合理的要求。

根据男生和女生的不同性格特点，班长人选最好为一男一女，一个是冲锋陷阵的执行班长，一个是固守后方的精神班长。

第二步，寻找核心管理成员。一个班级中有五个岗位极其重要，分别是班长、学习委员、纪律委员、宣传委员、劳动委员。很显然，这五个岗位几乎包揽了一个班级的所有主要事务。只要这五个岗位的主要负责人不出状况，那么这个班级就不会出现大的问题。

学习委员的人选该怎么物色呢？主观上热爱学习，客观上学习成绩优异，性格乐观积极，工作主动大胆，乐于推动其他同学进步，就像《西游记》里的孙悟空，遇见故意偷懒的同学要敢于亮出“金箍棒”！具备以上特点的学生适合当学习委员。总之，学习委员必须是班级进步的强势推手，能够有效地激发同学的学习热情。

纪律委员需要具备哪些素质呢？内心强大，不怕得罪人，遇到纪律破坏者敢于“亮剑”，公心大于私心，能帮助班主任将班级纪律管理得井井有条。

宣传委员又该如何选呢？热情大方，精力旺盛，金点子频出，喜欢负责台前工作，善于策划和组织各项班级活动，擅长办黑板报和做课件、视频。这样的宣传委员一现身，就能把班级活动办得有声有色。

劳动委员也是一个极其重要的岗位。劳动委员要热爱劳动，勤快能干，做事有条理，能调动同学一起为班级卫生作贡献。因此，劳动委员一定要物色那种“你办事，我放心”的学生。

第三步，物色中层干部人选。班级核心管理者物色完毕，班主任还要根据班级管理需要设置生活委员、体育委员、安全委员、心理委员等岗位。这些岗位的人选，我建议交给班级核心管理者，由他们集体商议之后确定。毕竟班主任是中途接班，对全班学生的了解还不深入。其实，班主任也要通过此举告诉几个核心管理者：老师用人不疑，而且会大胆放权，各位放心干，咱们师生同心，一定会把这个班带得风生水起！

第四步，对班干部进行培训。培训时讲清楚下面几个问题就可以了，毕竟是中途接班，不必像带起始班级那样事无巨细、面面俱到。

1. 向班干部讲清楚“做什么”，这是明确方向。班主任必须把每个岗位要做的事按条款罗列出来交到班干部手中，还要逐条进行细致准确的解读。

2. 向班干部讲清楚“怎么做”，这是培养能力。老师可以口头讲解，也可以文字阐述，手把手地传授方法。

总之，怎么做有效甚或高效，就教学生怎么做。班主任千万别把班干部选出来后就撒手不管，大多数学生的班级管理能力都是在老师的指导和自身的历练中才慢慢提高的。

至于课代表队伍的变革，我在讲毕业班课代表队伍打造方法时已有阐述，大家可参考前文做法，当然也可以根据自己的管理经验做出更优的变革。育人有法，但育人无定法！

卫生小组的变革我要着重说明。多年前我安排班级卫生的方式是由劳动委员当天安排，人员、时间和区域都在不断变化，导致很多学生根本记不住自己做卫生的时间和具体任务。学生们看起来都很忙，但班级卫生情况却始终不尽如人意，师生都免不了沮丧。后来我进行了变革，班级卫生情况有了很大改善，我们班级还多次被评为“文明班级”。那么我是怎么做的呢？

我把班上的学生分成五组，每天由一个小组负责当天的卫生。分组时，男女搭配，远近结合，粗细均衡（性格粗放与性格细致的学生相互配合）。再把班级的卫生区域按人数进行划分，并落实到每个人。真正做到定时、定人、定点。假如，艾岚同学被分在周三组，卫生任务是擦拭走廊平台，那么艾岚同学则会三年如一日地在周三下午放学后负责将教室外面的走廊平台擦拭干净。如果班级卫生不合格，且恰好是因为周三走廊平台卫生情况不合格而扣分，那么班主任就会对艾岚同学进行问责。艾岚本人不仅要扣相应的德育积分，还要负责完成下周三整个小组的卫生任务。这样做能让学生明确自己的责任和义务，增强他们的责任感。

中途接手非毕业班，新任班主任可以将其当作一个起始班级来带，要快速地在学生中树立威信和好口碑，用心地做好每一件事。班主任的威信不是说出来的，而是做出来的。

中途接班的班主任，不论接的是毕业班，还是非毕业班，只要你是真心融入学生当中，以身作则，时时昂扬着生命的激情，处处表现出积极向上的生命状态，就一定能把班级管理队伍建设好，也一定能把班级带得风生水起！

15

中途接班，不懂如何建设班级文化，怎么办

钟老师，我今年中途接手了一个九年级毕业班，我只带这个班级一年，还需要进行班级文化建设吗？具体该怎么做呢？

中途接手毕业班的班主任有没有必要在新班级进行班级文化建设？我的回答是：非常有必要。没有文化润泽的班级，班里学生的灵魂就会异常干枯。有积极的班级文化浸润的班级，班里学生的灵魂就会温润和美，班级的生长态势就会昂扬向上。

那么，建设班级文化究竟有哪些路径呢？1. 打造物质层面的文化，简单地说就是墙面文化，班主任要让教室的墙壁“说话”。2. 打造制度层面的文化，也就是制定班级管理制度。3. 打造精神层面的文化，从精神层面熏陶学生。4. 打造班级核心价值观。5. 打造班级愿景。6. 打造班级特色文化。7. 打造班级灵魂。

如果中途接手的是毕业班，那么全面打造班级文化显然已经来不及了。新任班主任可以梳理一下前任班主任的班级文化建设工作落实的情况。如果前任班主任的文化建设工作做得很到位，那么新任班主任只需

在原有的基础上做好后续工作即可。如果前任班主任不重视班级文化建设，班级文化还是荒原一片，那么新任班主任就要耗费心血重新建设班级文化。因为时间紧迫，很难面面俱到，所以我建议从两个途径入手，如此既有看得见的改变，又有看不见的影响。

其一，从物质层面的文化建设入手。也就是花大力气把教室布置得温馨、漂亮、大气。由于毕业班学生的首要任务是备考，学生来年考出好成绩是众人所望。因此，教室的布置必须体现出积极向上、励志劝学的意蕴。

教室前方的黑板上方可粘贴一幅励志标语，比如，“哪有什么洪荒之力？不过是咬牙拼搏的结果！”

教室后方的黑板上方也可粘贴一幅劝学标语，比如，“读书，是连接远方的通道！知识，是改变命运的途径！”

教室后方的黑板报，每个月更新一次，内容可以有励志名言，有学习方法的指导，有特殊题型的解法，有小故事大道理，有考试技巧的分析等。

教室的右前方，还应该有中（高）考倒计时牌。倒计时牌挂在教室里，老师就不必天天告诉学生距离中（高）考还有多少天。学生偶尔抬头，看到倒计时牌上的数字，抓紧时间学习的紧迫感自然就产生了。

教室两侧的墙壁上也需要粘贴一些积极向上的标语，比如，“风吹雨打不弯腰，泰山压顶不动摇”“出淤泥而不染，濯清涟而不妖”。

总之，新任班主任要用心把教室布置一番，让学生坐在教室里心生安定和欢喜。

其二，从精神层面的文化建设入手。分别从班名、班徽、班章、班旗、班服、班花、班树、班训、班级口号、班级格言等方面进行建设。

2016 年 9 月，我接手一个毕业班，这个班没有班名，我就和学生一起给班级取了个名字，叫“莲韵九班”。班名意蕴深远，意境优美，大家都觉得好。

2019 年 9 月，我又接手了一个毕业班，它原来的班名叫“璀璨六班”。我觉得“璀璨”一词不论是字面意思，还是深层含义，都充满了希望与活力。我希望班里每个学生都有一个璀璨的人生！这是一个多么美好的班名，我当然没有必要重新取名。

关于班徽和班章。如果原班已经有与班名相匹配的班徽以及班章，就延续使用。如果没有，就安排学生重新设计。班徽是一个班级的标志，班章则让班级管理显得正式和正规，二者都不可省去。告诉大家一条制作班章的便捷通道，那就是找一家网店，把班徽图案、学校名称、学生进班和毕业的时间，以及你理想中的班章的样式告诉店主，最终你拿到的班章成品肯定能令你满意。

很多学校会为班级制作班旗，但如果班旗中没有融入班级文化，就只是一块布而已。如果赋予了这块布精神，并反复强化，班级文化就能渗透其中了。我班的班旗有专人保管，我班也有专门的旗手。每一次需要出旗时，我都会高声提醒学生：“班旗文化三句话！第一句：旗在哪里，人在哪里！第二句：旗不倒，人不倒！第三句：旗倒了，人也不倒！”班主任反复强调，经常刺激，学生的精气神就会越来越充沛！

班服、班花、班树的配备可以交给学生选择，挖掘出其中积极的含义即可。班主任真正要下功夫的应该是班训、班级口号和班级格言。这些内容都是通过文字呈现的，寓意一定要与班主任的带班理念相匹配。

我接手璀璨六班时，没有看到班训、班级口号以及班级格言，于是我就根据我的带班理念提出了“书香、有序、静思、乐群”的班训。目的是希望学生在这八个字的训示下，能修炼成“喜读书，守规矩，善思考，会交往”的人。由于我接手的是毕业班，备考任务是重中之重，于是我给学生提出的口号是：“风吹雨打不弯腰，泰山压顶不动摇。努力学习我自豪，璀璨六班最妖娆！”班级格言该怎么定？由于我最推崇的是成长型思维，我专门给学生讲了“如何培养成长型思维”的班会课，最终我决定把“思考力决定竞争力”这句话作为璀璨六班的格言。我想通过这句格言，向学生传递一个重要的信息：要想成功，就要先优化自己的思维方式，提升自己的思考力。

所谓班级特色文化，就是针对具体的班情，打造与众不同的品牌文化。

我接手的莲韵九班是毕业班，这时我没有足够的时间和精力从头开始进行文化建设。可是，这个班级学生的整体性格比较闷，他们就像被闷在罐子里缺少氧气的沙丁鱼。我要是不去做一条大鲶鱼，是无法激发他们的活力的。于是，我就为莲韵九班定制了一套专属课程。

我选择了音乐家王俊雄的书香音乐系列作为背景音乐，目的显而易见，希望我的学生能够“腹有诗书气自华”。课件模板则选择了有蝴蝶图案的图片，目的是希望我的学生终有一天能破茧成蝶。课件上的文字很励志，比如，“决心！改变你的是决心，而不是外在的环境！”还比如，“现在不努力，今后不给力！”这样的文字简单有力量，对于假装睡着的人来说有一定的刺激作用。

我每天中午走进教室，要求学生关门、关窗、拉窗帘，切断教室与外界的联系，也能最大程度上保护学生的自尊心。然后要求学生站起来，两脚与肩同宽，腰背挺直，目光炯炯，用气冲牛斗的气势把课件上的文字读出来，反复读。待声音停下后，我就问他们：“两年时间，四个学期，无数次考试，每次都考得不如意。你们想不想过一种全新的生活，为了自己的前途拼搏一次？”学生大声表态：“想！”

说实在话，我很反感这种简单粗暴的教育方式，但是，当时班级的状况已经容不得我慢条斯理、温文尔雅地教育引导他们了。我需要做的是，在短时间内激发他们的学习积极性，再带着他们走向美好的未来。

在我的专属课程的刺激下，莲韵九班学生心中的“战神”被唤醒，他们的性格变得更活跃，思维也更加敏捷，整个班级都充满了活力。毕业时，学生的生命状态较之我刚接手时发生了天翻地覆的变化，中考时学生的成绩也有了大幅度提升。这就是特色文化的魅力。

如果接手的是非毕业班，新任班主任就可以在班级文化建设上大有作为。其中有几点要特别注意。

关于制度文化的建设，一定要首推课堂纪律。课堂是学科教学和德育的主阵地，班主任绝不能失守。新任班主任在执行课堂纪律时一定要严格，不论学生乐意与否，班主任都要坚决执行。班主任还要明确告诉学生：课堂不是为某一个人设置的，它是所有同学共同的学习场所，任何人都没有资格破坏课堂纪律。

课堂纪律落实后，班主任再引导学生“做事之中成人，成人之中做事”。既会做人又会做事的学生不论是在同龄人群体中，还是在成年人的群体中，都更受欢迎。

至于班级愿景的打造，可以参考一些大型企业的愿景文化。比如，万科公司的愿景是，成为中国房地产行业持续领跑者；腾讯公司的愿景是，用户为本，科技向善……

这些大型企业对愿景的描述，无不表达出企业对发展的积极追求。发展蓝图描绘出来了，能不能实现那是后话，但起码能让企业的员工知道当下努力的方向。

一个小小的班级，班主任有没有必要为这个班级的发展描绘一幅蓝图呢？我以为非常有必要！具体怎么描述呢？你最想让学生成为什么样的人，你就怎么描述。我自己所带班级的愿景就是：让老师和学生的一生都充满光明！老师和学生的一生能否充满光明？未来还未到来，我无法判断。但至少在现阶段，我们知道了努力的方向和意义。

班级灵魂的打造可以借鉴部队打造军魂的做法。如果一支部队有了军魂，那么不论岁月如何更迭，首长如何轮换，这支队伍都能做到“狭路相逢勇者胜”。同理，如果一个班级生出了班魂，那么不论班主任由谁来做，这个班级都能积极向上生长。一个班的魂究竟是什么呢？就是这个班级所有人共同认可的精神力量。我们要教出与时俱进的、具有可持续发展力的学生，应该给他们铸就什么样的魂呢？那就是：不论何种情况，都不丧失自我；不论何时何地，都不放弃自我成长！这就是我作为一个班主任要打造的班魂。

好学生是熏陶出来的。怎么熏陶？自然是用丰富的、积极的班级文化来熏陶。因此，不论是作为首任班主任，还是中途接班的班主任，我们都要用心打造班级文化。

16

中途接班，班长不得力，怎么办

钟老师，我的困惑是中途接班后，班长不够得力，是否应该换人？不换的话又应该怎么去引导呢？

对中途接班的班主任来说，自己在管理新班级时，如果能有个得力的班长帮忙，那么一定会事半功倍。那么，“得力”的标准有哪些呢？

1. 能快速接受新任班主任，高度认可新任班主任的治班理念。

2. 对班长职务很热爱，对班长职责很认同。

3. 有较强的服务意识，乐于为班级服务。

4. 执行力强，做事不拖拉、不推诿。

我中途接手璀璨六班时，就遇到了一个非常得力的班长。

1. 他特别支持、配合我这个新任班主任的工作。

2. 他是一个资深班长，有很强的领导力，业务能力也很强，在同学中很有威信。

3. 他的执行力很强。我只要把事情交给他，他一定能做到令我满意，有时甚至还会给我惊喜。

这样的班长，还有什么换的必要呢？再者，我接手的是毕业班，班风和学风都不错，绝大多数学生都清楚九年级这一年要做什么，班级纪律已经不再是令人操心的问题，不需要一个强势的班长来“治乱”。我的工作重心也不在班级常规管理上，而是在备战中考和开发班本课程两个方面。

还有一点非常重要，九年级的学生学习压力增大，特别需要一个让他们觉得安心的人际关系氛围，继续重用这个班长可以起到稳定军心的作用。

但如果原有的班长确实能力不足，不能起到协助老师管理好班级的作用，那就必须换班长。具体怎么换呢？

第一步，评估所接班级的班风和学风情况。如果班风和学风都较差，原班长又缺乏管理的魄力，那就一定要物色一个胆大、有号召力的学生担任班长。

我曾经中途接手过一个特别闹腾的班级，后来取名意搏班。意搏班里的每个学生都很自信，都喜欢表现自己。公开课上，别的班级举手发言的学生寥寥无几，意搏班则是全员举手，不管是答对还是答错，他们都能侃侃而谈。评课的时候，听课的老师几乎无一例外地认为这是一堂非常成功的公开课：气氛热烈，全员参与，整堂课学生都充满了学习的热情，关键是，学生学得特别快乐！

意搏班的学生真的那么优秀吗？真相往往非常残酷，一到考试，年级倒数第一名的位置非他们莫属。

真正有效的学习必须是艰苦的，也是枯燥的，学生必须坐得住、静得下心，不断地、反复地学习。

面对浮躁的班风和学风，如果班主任不重锤出击，那么班级的学习情况是得不到根本改善的。

那么谁能帮班主任抡大锤呢？自然是班长了。可是，意搏班的班长是一个温柔的女生，说话的语气温柔得可以拧出一汪春水。自习课上，如果没有老师盯着，意搏班全班学生就会兴奋得不能自已，学习早被他们抛到九霄云外。班长实在看不下去了，就会瞥他们一眼，软软地说道："哎呀，你们不要说话了嘛，待会儿老师知道了要批评我的！"闹腾的学生不仅不把班长的话当回事，还笑嘻嘻地冲她做鬼脸。班长只好笑笑作罢，继续低头做作业。其他同学爱闹就闹吧，反正班长能做到闹中取静。这位班长虽然超级自律，但她确实缺乏领导力，将她换下来是明智的做法。

第二步，物色合适的班长人选。既然我接受不了浮躁的学风，又不想把班级的管理权交给这样一位柔不能克刚的学生，那我就只能重新物色一名学生出来帮助我。在我的反复观察、多方了解之下，我还真找到了一位合适的班长人选，其特点如下。

1. 身材高大强壮，篮球打得特别好，被大家称为"球场坦克"，只要他一出场，对方球队就会被碾压得溃不成军。

2. 学习成绩优异，数学成绩尤其好，在学生群体中威望极高。

3. 性子直，胆子大。对于班上同学的不良行为，他敢于出言制止。

4. 长相正直有气势。皮肤黝黑，双目有神，剑眉凌厉。谁要是敢违反纪律，他便怒目一瞪，"杀气"破风而出。

我私下找到这个学生，向他讲述了意搏班目前所面临的危机，也讲述了我的带班愿景，以及集体与个人相互依存的关系，请他做班长，协助我整顿意搏班的班风和学风。这个学生被我的诚意打动，愿意担任班长一职。

新班长一出马，几天时间就把闹哄哄的学生镇住了。虽然他也曾出现管理过度的情况，但有我在后面为他保驾护航，所以没有出现管理后遗症。

有了得力的班长，我便不再为班级管理操心，而是把精力放在班级文化的建设上。意搏班的学生在新班长的管理下，在我温润的班级文化滋养下，性子逐渐沉稳，灵魂逐渐丰润，班级面貌发生了很大的变化，整个班级也呈现出生机勃勃的发展态势。

由于我中途接手的是班风和学风都较差的毕业班，时间短，任务重，我只能果断换班长，并且是快刀斩乱麻！

有个细节我觉得有必要交代一下，就是那位被换下来的女班长，我该如何善后呢？总不能一声不响地把她给换了，然后就置之不理吧。我是一名教师，所做的一切都是为了帮助学生更好地成长。所以，我在换班长之前就与这位原班长进行了沟通，获得了她的理解与支持，并且帮她物色了一个更适合的岗位，保护了她的自尊心。

如果接手的不是毕业班，那么换班长的速度可以放缓。新任班主任一定要先征询各级班干部的意见。

班主任征求意见时最好私下逐个询问，千万不要把所有班干部都集中起来询问："你们觉得班长怎么样？"这个问题你让这些班干部怎么回答呢？这不是破坏学生之间的关系吗？

我建议新任班主任私下这样询问："我想增设一个班长的岗位，你觉得谁是最适合的人选呢？"这个问题抛出去，学生就接得住了。他们一定会非常热心地推荐他们认为合适的人选。人选推出来后，班主任还要多问一句："为什么你觉得这个同学很合适呢？"学生的答案，往往会有很大的参考价值。不论何时，学生之间的熟稔程度都远超师生之间，何况你还是中途接班的班主任，对学生更是缺乏全面的了解。

找到得力的班长后，班主任不要急着把原班长换掉，而是应该增设班长职位，原班长继续任职，但要将重要工作委托给新班长。等到新班长完全胜任班长一职后，再与原班长沟通，给他推荐更合适的岗位。至于推荐什么岗位，取决于这位班长的能力和态度。我们面对的是未成年学生，不仅要让他们认识到"能者上，不能者下"的用人道理，还要保护他们的心灵。

还有一种做法我更为提倡，并且也一直在践行。那就是在培养新班长的同时，也对原班长进行一对一的培训，提升他们的管理能力。

最后我要提醒大家，作为中途接班的班主任，除非你的口碑特别好，影响力特别大，专业能力特别强，不然在情况没有摸清楚之前，不要轻易更换班长。

17

中途接手前任班主任特别负责的班级，怎么办

钟老师，您好！下学期我任教语文学科的班级就升入九年级了，学校安排我接手本班的班主任工作。前任班主任龚老师属于事无巨细型，比如，早读、午读、晚读，她都陪伴在学生旁边。只要她一出现，班上立马鸦雀无声。而我属于自由散漫型，虽然我一直是他们的学科教师，但是角色不同，学生对我的感觉必定不一样。我担心用我的方法带班，在毕业班高强度的学习中，学生会浮躁。

而且，前任班主任是我很敬爱的前辈，私下里我叫她龚姐姐。如果学生和家长问我为什么换班主任，那么我怎么回答才不会让他们误会龚姐姐？毕竟她还在这个班教书，我得保护她。

这是我工作室的小同事问我的问题。小同事说她自由散漫，那是她谦虚。真实的她勤奋好学，干劲十足，智商情商均在线，不论是教学，还是带班，在学校都已经是能独当一面的精兵强将了。

她口中的龚姐姐，我也相当了解。龚老师年过半百，为人谦和，做事认真，任劳任怨。不论是工作，还是人品，都可圈可点。

学校安排龚老师放下肩上的担子，是基于人文关怀的理念；安排我那小同事勇挑重担，是出于重用人才的考虑。

首先，我要特别肯定我那小同事的想法，“毕竟她还在这个班教书，我得保护她”。“保护”这个词突显出年轻人积极的生命观和人文观，这一点我很欣赏。一个人一旦有了这样的生命自觉和人文情怀，就会对他人产生同理心，也就能与身边的人产生生命的联结。

其次，新任班主任该如何解答学生和家长心中“为什么换班主任”的疑惑。龚老师在该班连续做了两年的班主任，并且口碑很好，到了九年级这个关键时刻，她突然不做班主任了，学生和家长心中肯定会有诸多疑惑，新任班主任该怎么表达才不会让学生和家长误会呢？

我建议小同事用简单的“是非问”引导学生深入思考，再动情地给学生解释“龚老师为何不当班主任了”。下面我预设一下“是非问”的现场情景。

老师：你们爱不爱龚老师？

学生：爱！

老师：龚老师累不累？

学生：累！

老师：让龚老师休息休息，做我们班的幕后指导，可不可以？

学生：可以！

“可以”这个词一出口，老师便要赶紧收拢口袋，动情地对学生说：“龚老师年纪大了，精力和体力都有些跟不上了，但她经验丰富，特别善于教毕业班，所以学校领导安排龚老师继续带咱们班的英语课，同时退居幕后做我的导师，指导我这个年轻人带着你们这群更年轻的人去冲击中考！我的干劲，加上你们的拼劲，再加上龚老师丰富的实战经验，我相信，咱们班明年的中考成绩必定能更上一层楼！”

本来教育不该说得这么咬牙切齿，教育应该是温润而浪漫的。但是，在学生的话语系统里，他们喜欢听这类鼓舞人心的话。

那么该怎么给家长解释呢？我以为合情合理即可，不用走情感路线。新任班主任可以这样告诉家长：“龚老师本人还是很愿意坚持把我们班的学生带到毕业的，但由于龚老师连续多年奋战在教育教学第一线，身体有些吃不消，所以学校安排我在前台干活，龚老师在幕后指导。我的干劲与龚老师的智慧完美结合，咱们班一定会更好！”

请注意我在文中多次重复的话：龚老师要做幕后指导。我为什么要反复强调这个“幕后指导”？这样说对新任班主任和前任班主任都有好处：告诉学生和家长，新任班主任有干劲，新任班主任有信心，新任班主任有底气；同时也告诉学生和家长，前任班主任没有放弃，前任班主任没有离开，前任班主任有智慧！关键是两位班主任的优点会完美地结合在一起，将发挥更大的作用，取得更好的成效。

这样一来，前任班主任不会感到内疚，新任班主任也不会感到尴尬，这是两全其美的人际策略。

我那位小同事的另一个困惑是：前任班主任是妈妈型的，事无巨细，亲力亲为，学生被管束得很乖；新任班主任认为自己是自由散漫型的，担心学生在九年级高强度的学习中会浮躁。那么学生到底会不会浮躁？

有些学力不足、目标不明确的学生，确实有可能会浮躁。对于这部分学生，压力越大，反弹就越大。我建议开学之后，把这部分学生召集起来，一是准确地评估他们的成绩状况，引导他们思考：如果保持原状，那么他们今后的发展前景会是怎样的？二是引导这部分学生为自己的未来谋划，为自己的选择负责。三是鼓励他们给自己创造机会，不论结果如何，这一年都要竭尽全力，咬牙搏一搏。

还有个别学生确实觉得学习上存在很大困难，但他们在主观上又不服输，班主任就要劝诫这些学生改变思路：知识学习困难，可以改学技术。每个人的天赋是不一样的。有些人很善于学习课本知识，孜孜不倦，并且效果显著。有些人就会觉得学科知识学习起来很吃力，但是学技术却如鱼得水。班主任要让学生明白，正确地评估自己，并为自己的选择负责，同样能创造美好的未来。

只要把这些学生的思路捋顺了，把他们的心安置好了，他们是不会浮躁的。即使浮躁起来了，找幕后军师龚老师出谋划策也一定能解决问题。

至于班上那些成绩比较好的学生，他们把大部分精力用在了学习上，很难浮躁起来。为了保证他们专心于学业，最好让他们明确自己的目标学校，以此激励他们不断努力前行。

需要特别关注的是班上的中等生，推他们一把，他们可能就进步了；放他们一马，他们可能就落后了。班主任可以安排几个自觉性和责任感都较强的学生，采用一对一盯人的战术帮助中等生，一旦发现他们放任颓靡，就找他们谈心，及时将他们拉回正轨。

进入九年级，大多数学生都知道自己努力的目标，他们比七、八年级时更沉得住气。不过，既然前任班主任盯得紧，现任班主任刚接手时也要盯紧一些。同时安排班干部协助管理——主抓自我管理能力差的学生。慢慢地让学生明白：即使我这个新任班主任不如前任班主任严格，我也绝不会忽视那些自觉性差并且破坏班级学风的学生！

18

中途接班，前任班主任舍不得放手，怎么办

钟老师，我中途接手了一个班级的班主任工作，本想好好开展工作，却发现前任班主任舍不得放手，学生对前任班主任也过度留恋，不太配合我的工作。我该怎么做呢？

一般来说，成熟的班主任在调离原班级后就应该对原班级学生果断放手。真正深谙教育真谛的班主任，还会在离开前为新任班主任做铺垫，以便学生快速接纳并喜欢新任班主任。

但是，总有那么一些班主任离开之后还舍不得放手，学生也对前任班主任过于留恋。遇到这种情况，中途接班的班主任该怎么处理呢？

新任班主任先要明白一件事：为什么前任班主任离开了，学生还会对他如此留恋？显而易见，学生喜欢这位班主任，他在学生心中很有威信。

这位班主任的做法或许不太合适，但他的学生工作肯定做得很好。对这种受学生欢迎的班主任，接任者不要随意质疑，否则容易引起学生的不满。

新任班主任可以私下找学生谈话，询问他们最喜欢前任班主任的哪些方面。问这个问题时，一定要向学生表明自己的态度，那就是向前任班主任学习，争取与前任班主任的管理无缝衔接，避免新任班主任接班后学生长时间不能适应的窘境。

新任班主任的谦虚、低姿态，一定能打动学生，他们会毫无保留地告诉你前任班主任有哪些方面做得好，甚至还会告诉你前任班主任有哪些方面做得不好。只要学生愿意说，新任班主任就能找到管理班级的突破口。

突破口之一，尽可能地吸取前任班主任的经验，保留前任班主任的一些独特做法。我中途接手璀璨六班时，前两任班主任中的一个还留在原班教学，另一个与我在同一间办公室办公，学生随时都可以见到她们。当然，学生也会在心里做比较，我无惧学生的比较。虽然我是他们的第三任班主任，但我对他们的真诚和关爱与前两任班主任是一样的。我尽可能地保留了前两任班主任的优良做法，在学生面前，我极力肯定前两任班主任的成绩，一再强调自己在初中的最后一年接手这个班级，明显就是奔着胜利果实来的。没有前两任班主任的负重前行，哪有我现在的岁月静好！

突破口之二，突出前任班主任的亮点。新任班主任要在学生面前表达对前任班主任的赞美，并提醒学生“吃水不忘挖井人”，要时时记得前任班主任对他们的好，课间看到前任班主任要热情地和他打招呼。教师节、国庆节、中秋节等节日，也要提醒学生向前任班主任送上祝福。新任班主任切忌在学生面前吹捧自己，贬损他人。

接下来，新任班主任可以利用教师节举办一场联欢活动，邀请前任班主任回班，安排学生献花，还可以让学生致感谢词。新任班主任也要当着全班学生的面感谢前任班主任曾经的付出，请前任班主任发言勉励学生继续努力。新任班主任还可以大大方方地邀请前任班主任做学生的成长顾问。这样一来，既能让前任班主任放心，也能让学生安心。

其实，真正令学生信服的做法是“人无我有”。我中途接手璀璨六班时，了解到班级的班干部队伍已经建设得很完善，班长的领导力很强，班级文化也初有所成。我再去做，无非是在原有基础上进行细微的改变，意义不大，效果也不明显。

虽然当时璀璨六班班级建设的常规项目已经完成，班风学风等方面都很好，但我知道，有一个项目璀璨六班绝对没有，那就是我的班本课程——男女生生命成长课程。这是我专门针对青春期男女生的成长规律和身心需求开发的生命课程，是一套非常受学生欢迎的课程。在这套课程中，我会教女生如何变得更加精致，教男生如何变得更加温暖，还会教他们如何面对自己的情感。这些让他们感到新奇且内心非常渴望了解的内容，深深地吸引了他们。很快，学生的注意力就全部聚拢在我的周围，对我十分信服，也能高度配合我的班级管理工作。

即便如此，我也没有对前任班主任倨傲，没有心生得意，而是心怀感激。感激前任班主任，感激学生和家长，也感激我自己。

对于这种微妙的人际关系，年轻人很难拨开迷雾看到真相，也很难做到滴水不漏。做不到也没关系，那就埋头做事！只要你能把所有的心思放到每一个学生身上，做好手头的每一件事，学生就会在喜欢前任班主任的基础上喜欢你。对学生而言，多喜欢一个人并不是一件困难的事。

19

中途接手前任班主任特别严厉的班级，怎么办

钟老师，您好！我这学期任教四年级，新接任班主任，原来的班主任带班两年，非常严厉，严厉到只需一个眼神学生就不敢动了，下课后，学生也安静地坐在教室里，不敢出去玩。一开始家长接受不了如此严格的老师，但是后来家长看到老师这样管理的效果好，班级也获奖多多，就慢慢认可了这位老师。然而我的性格比较温和，带班风格比较民主，也不喜欢压抑学生的天性。家长却不理解，总说我不够严格，镇不住学生，学科教师也常常向我反映班级课堂纪律不好。现在我的困惑是：1. 面对家长质疑我不够严格的问题，我该如何处理？2. 如何真正把学生的自律性培养起来，做到老师在与不在都能遵守纪律？

前任班主任和新任班主任的风格差异确实挺大，学生的外在表现一改从前也实属正常。但如果新任班主任顺其自然不加以干预，那么，不仅得不到家长的理解，还会把自己弄得心力交瘁。为何这么说呢？

我们先来分析一下，过分严厉的教育方式会对学生的成长产生哪些副作用。

1. 无力反抗时显得胆小、压抑，有能力对抗时就显得特别逆反。很多家长都爱说，我家孩子读小学时特别乖，怎么上中学了就特别不听话了，我说一句，孩子要顶十句？顺着这句话回溯，这个学生要么有个特别严厉的妈妈，要么有个特别严厉的小学班主任。学生出现这种变化，往往和严厉的教育方式有关。

2. 形成表里不一的性格特征。老师特别严厉，学生不敢反抗，就只能顺从，可是顺从又不是出于他们自己的本意，于是就只有当面一套背后一套。

3. 压制解除后更加放纵。小学班主任如果对学生过分严厉，没有教会学生敬畏和遵守制度，而是一味地靠管卡压的控制手段带班，那么潜在风险就会非常大。在这种带班模式的超强管控下，表面上班级秩序好，学生也听话，但会给后续管理带来无穷的后患。新任班主任为了管住这些学生，只能延续之前的管理方式，否则班级纪律就会涣散。

暴力管班弊大于利，因此新任班主任不能再走以前的老路了。但是，若是这样，家长又会认为新任班主任不够严格，镇不住学生。学科教师也会有意见：学生的课堂纪律不好了！此时如果中途接班的班主任没有口碑，没有群众基础，班级出现了不可控的局面，那么应该怎么办呢？

1. 家长和学科教师的意见还是要重视的。新任班主任可以先沿用前任班主任的管理方式，再慢慢地做改变。例如，前任班主任所提出的要求可以沿用，但语气可以温和一点。

2. 召开家长会，向家长介绍自己的带班理念，争取家长的理解。但不管家长理解与否，他们最想看到的还是自己孩子的进步。因此，新任班主任还是要紧抓学生的行为习惯和学业成绩的管理，起码要把大部分学生的情况稳住，才能坚守自己的教育初心。新任班主任还可以通过家长会请求家长从孩子那里了解他们对自己的期待，以便及时改进。

3. 制定课堂纪律。四年级的学生普遍会有些调皮，但不算叛逆。对于新任班主任进驻班级，他们也不会过于抵触。因此，新任班主任一定要趁热打铁，制定课堂纪律。课堂纪律的条款不用太多，从大处着眼，循序渐进。一般而言，3—5 条即可。要求学生背下并默写，平时还需不时抽查。其中不仅要有需要学生遵守的纪律，还要有配套的惩戒条款。不论班主任多么温和，多么民主，请一定记住，教育不能只有温和与民主，教育还需要严厉与管束。

4. 温和而坚定地推进班级的各项管理工作。当班级秩序进入正轨，也就是学生不吵了，家长没意见了，学科教师也满意了之后，坚持温和民主治班的新任班主任就可以大显身手了。一是利用班会课告诉学生温柔以待的魅力，当然也要深入浅出地给学生讲清楚何为民主。学生了解了温和的美好，知道了民主为何物，自然会接受它们。二是新任班主任在实施管理方案时，即使一开始收效甚微，也要坚持温和而坚定的原则。自己信奉的教育理念，只有靠自己贯彻到底！

班级管理的重心最好放在课堂、课间、集会、作业这四个板块上。无论如何，这四个阵地不能失守。不然班级就会乱套，学生的成绩也会下降。

5. 找出典型，树立形象，营造班风。前任班主任很严厉，学生却没有反抗，说明该班学生的性格总体上较温顺。为何换了班主任，班级纪律突然就乱了呢？整个班级全面崩溃不太可能，一定有“带头大哥”。只要找出典型，公事公办，就能镇住其他跃跃欲试的学生。同时班主任也给自己树立了一个“严格而不苛刻，温和而不软弱”的积极形象，良好的班风也就营造出来了。

最后，我要真诚地提醒所有热爱教育工作的同行，千万别相信短期内可以培养出完全自律的学生，而且完全自律的学生也基本不存在，因为人性的复杂性远超我们的想象。不论是他评，还是自评，钟老师都算得上是一个超级自律的人，然而事实上我有时也会被其他力量左右。比如，我曾经花了 20 多天的碎片时间看电视剧，导致习惯于每天写作的我在追剧的那 20 多天，一篇文章未写，一本书未读。

20

中途接手毫无竞争意识的班级，怎么办

钟老师，我今年接手的九年级毕业班存在一些特别的情况：班里整体氛围祥和，所有学生都互相吹捧，学习上无竞争意识，班级发出的通知，也没有先行者。我多次想办法打破这样的局面，却总是被他们的和谐氛围困扰。我实在无法应对，请您指导！

咱们先从上述提问中摘出几个关键词来读一读：九年级、祥和、吹捧、和谐。一个即将面临中考的班级，整体氛围还非常祥和，同学之间还会互相吹捧，人际关系相当和谐。这有什么不好呢？这简直就是世外桃源般的校园生活嘛。从现实意义上说，这种学习氛围也是广大师生内心非常向往的。难道同学之间非要争得你死我活才算积极上进吗？

那么问题来了，一片祥和之后会是什么结果呢？我暂不直面这个问题，先打个迂回战再来分析它。

我曾中途接手一个八年级班级，班里人际关系非常和谐，男男之间不斗殴，女女之间没八卦，男女之间无矛盾。他们每天都乐呵呵的，幸福感相当高。课上，赞美声一片；课下，嬉笑声满堂。一人有零食，全班都分享；一人受委屈，全班都安慰；一人被欺负，全班都帮忙出头。班里的气氛简直是一团和气。

可是，这个班每次考试的成绩都不理想。很多学生因此给自己贴上了后进生的标签。他们的内心深处虽然也有过挣扎，但他们最后都默认自己不是读书的料，于是放弃了努力，也放弃了与别人竞争。

虽然这还不足以得出“氛围过于祥和会导致竞争意识退化”的结论，但我还是坚定地认为：不论是个体，还是集体，想要变得更优秀，那就必须打破一团和气的现状，适当引入竞争机制。那么，中途接班的班主任可以怎么做呢？

一、利用鲶鱼效应。挪威人喜欢吃沙丁鱼，尤其是活沙丁鱼。市场上活鱼的价格要比死鱼高许多，所以渔民总是千方百计地带活沙丁鱼回港。虽经种种努力，可大部分沙丁鱼还是会在途中窒息而死。后来，有人在装沙丁鱼的鱼槽里放进了一条以小型鱼类为主要食物的鲶鱼。沙丁鱼见了鲶鱼便四处躲避，这样一来既激发了沙丁鱼的求生欲，缺氧的问题也得到了解决，大多数沙丁鱼都活蹦乱跳地回到了渔港。这就是著名的“鲶鱼效应”。缺乏竞争力的学生就如同缺氧的沙丁鱼，谁来当这条鲶鱼呢？那就是班主任！

既然班级气氛一团祥和，学生彼此赞美，毫无竞争意识，那么班主任就要拿出自己的狠劲，每天追着学生朝前跑。

我建议班主任每天提前到学校，激情满满地带着学生高声朗读课文。课堂上，但凡学生表现出色，立即点赞，表现不好，也要马上指出来。课间操时或学生跑步时，班主任若是精神好、体力好，那就陪着学生一起做操、跑步，同时鼓励他们。班主任一定要给学生营造出一种积极向上，充满活力的氛围。

二、引入比赛机制。不论一个人表面上看起来有多颓丧，骨子里都有战胜他人的愿望，这是人之本性。对于缺乏竞争意识的班级，层出不穷的比赛一定能激发学生的好胜心。比如，课文朗读，男女生对决；收发作业，小组对决；回答问题，大组之间比拼。有一点要提醒新任班主任：既然引入了比赛机制，那就要正式、正规，既要重视过程，又要重视结果。不论结果是输是赢，班主任都要对参赛者大加赞赏，对优胜方要给予高度评价，对失败方更应给予鼓励和建议。

鉴于班里缺乏带头力量这种现象，班主任要特别留意，找出那种成绩优异、能力较强的学生，请他们帮忙带动其他同学学习，帮他们设定每个阶段需要达成的小目标，督促他们每天不断向着目标努力，体验战胜自己获得成功的快乐。

三、**引入奖惩机制**。既然引入了比赛机制，那就必须有奖惩机制。赏罚分明历来是治军的铁律之一，治班也是如此。至于如何奖励才有效，我个人觉得与学生一起商量比较妥当。一般来说，满足学生的内心渴求，给予精神上的高度满足，进行正面价值评价就是学生最喜欢的奖励。比如，我目前所带班级第一次月考前，恰逢我的新书出版，我就说，本次月考成绩优异的同学，会得到我的签名新书作为奖励。这份奖品对学生来说异常珍贵，因为他们真的很难遇到手持一本新书，而书的作者就是自己的老师这种情况。至于惩罚，我个人觉得除了采用学校的惩戒条例以外，还可以由学生自己来制订比较容易实施的条款。当然，班主任也可以采用一些比较有创意的惩罚策略。比如，少侠一班本次月考成绩不理想的同学，我就给他们组建了一个联盟，名叫“复仇者联盟”。向谁复仇？当然是向自己的懒散、任性、拖拉、贪玩等缺点复仇！师生商量，对成员提出严格要求，如听课状态要求更好，作业质量要求更高，玩耍时间也将被适当压缩等。之后学生去东莞军训，我也全程跟班，军训间隙，“复仇者联盟”的同学，还被我亲自盯着背诵知识点。平时表现过于放松，缺乏自制力的学生，这次军训也受到了教官的特别关注。教育处处有契机，就看班主任能否发现和如何利用。

四、引入反馈机制。为什么学生很喜欢打游戏？因为游戏的反馈很及时呀！他们每打通一关，就有意外的惊喜，这些惊喜不断地刺激他们，他们停留在游戏里的时间也就越久。

一个班级，如果总是一团和气，或者一潭死水，主要就是因为少了外部的刺激。因此，班主任要把自己变成刺激源。怎么才能把自己变成刺激源呢？

那就是要善于发现并及时告诉学生，他们身上有哪些闪光点，性格上有哪些优势，人品上有哪些亮点，行动上有哪些可取之处，学习上有哪些优秀品质……总之，就是及时地把你所看到的学生身上的积极因素反馈给学生，让学生对自己形成正面、积极、向上的稳定评价。

最后，我还要说一点，如果班上确实没有先行者，班主任就来做这个先行者吧！班主任若能一马当先，身后必有跟随者。在很多同行眼里，我是专家，可是在我的学生眼里，我就是一个扫地机器人。但是，我这个扫地机器人身后，跟着一大群超级认同我且尊敬我的学生！

21

中途接班，遇到的学科教师都很“佛系”，怎么办

钟老师，我是一名女老师，中途接手了一个八年级班级，与我搭档的学科教师都非常“佛系”。他们对学生的分数，以及班级的名次都不太在意，至于评选文明班、卫生班，运动会争取名次等，他们也完全不在乎。我怎样才能把这个班级带好呢？

所谓的“佛系”，主要是指看起来无欲无求、不争不抢，表面上看好像活得超凡脱俗，实际上则表达了一种负面、丧气、消极抵抗的生活态度。具有这种特性的人外表看上去和普通人一样，但内心往往具有以下特点：自己的兴趣爱好永远都放在第一位，基本上所有的事情都想按照自己喜欢的方式和节奏去做。这种超然心态令很多囿于忙碌和竞争的人羡慕不已，也让很多人为自己逃避竞争、不思进取的心理找到了华丽的借口。

我个人并不提倡“佛系”的人生态度，我更看重的是用入世的心态对待工作。尤其是作为教师，我们面对的群体是学生，这些学生还很年轻，他们的人生还没有开始绚烂，他们还没有经历繁华，他们的未来还

未到来，他们的人生还有太多的不确定性。如果这个时候，他们遇到的老师喊着“佛系”的口号，唱着“佛系”的调子，不去帮助学生进取、努力，那么这些学生还如何拥有灿烂的未来呢?

作为中途接班的班主任，既然遇到的学科教师都很“佛系”，那么班主任自己就绝不可以“佛系”！无论是教学，还是班级管理，乃至学科教师的资源整合，班主任都要果断出手，占据主导地位。具体怎么操作呢?

一、课堂教学一丝不苟。化身为严格的教练，在教学时一丝不苟。亮出自己的课堂态度——真诚！坚定自己的课堂立场——认真！推出有效的课堂管理制度——严格！并且在行动的时候要果断、快速、高效。也就是在工作作风方面，班主任一定要与“佛系”的学科教师形成相反的风格。这样做的目的，是让学生明白他们的班主任是一个强硬、果断，且行动力强的实干家。等学生慢慢适应班主任的工作风格后，班主任再要协助学科教师去推动学生学习，学生就不会过于抗拒。

二、班级管理说一不二。化身为说一不二的领导者，组建并培养高效的班级管理团队，制定可操作、易执行的班级管理制度。对于积极上进的、配合度高的、风险管理意识强的学生，班主任一定要重用。对于不服从管理的、无视班级管理制度的、给班级抹黑的、不求上进的学生，班主任也要按制度公事公办。所谓的说一不二，并不是让班主任不讲理、一言堂、管卡压，而是在原则之内寸步不让！班主任的强硬作风，能够与学科教师“佛系”的风格形成互补，这对学生的成长有莫大的好处。

三、真诚沟通，春风化雨。化身为春风化雨般的心灵导师。班主任一定要学会角色的切换。在课堂教学方面，你是一个严苛的教练，经常把指令、规则挂在嘴边。在班级管理方面，你是一个说一不二的领导者，经常在学生面前威风八面。你已经对学生的心灵造成了一种威压，如果还不懂得切换身份，假以时日，学生只怕就要“揭竿起义”了。因此，班主任在管理班级时要学会“刚性制度，柔性实施”的管理策略，在育人时则要“把话说到学生的心窝里”，让学生听了你的话如沐春风，能够心领神会。

中途接班的班主任如果做到上述三点，那么你在学生的心中就会树立这样一种形象：严格而不严苛，善言而不啰唆。树立了这样的形象，学生会对你又敬又爱，就连那些“佛系”的学科教师也会佩服你。我跟很多看起来很“佛系”的学科教师搭过班，他们其实并不是真正的“佛系”，而是本身性格比较温和，管理方式比较粗放，容易忽略一些细节。我个人觉得没有必要去改变这些老师的行为习惯和思维方式。只要他们认同你这个班主任的管理方式，能尽力配合，你同样能将班级管理得井井有条。

我每带一个班，都会到每个学生的家里去了解他们的家庭结构。通常情况下，慈父严母型家庭，夫妻关系和睦，家庭兴旺发达，儿女大多成才。相反，慈母严父型家庭，夫妻关系未必交恶，家庭也未必衰败，但孩子大多反叛。同样的道理，如果班主任是个很严格的女老师，而搭班教师则是比较温和的学科教师，那么这个班级的学习风气一般会比较浓厚，人际关系也很和谐，学生的状态相对舒展。为什么呢？因为不管这个班主任有多严格，严格的缝隙里都弥漫着爱，学生对班主任的反叛情绪就不会太强烈。再者学科教师比较温和，不急不躁，就更加不会激起学生的反叛之心了。当学生不跟老师对着干的时候，只要老师的治班策略用得好，这个班级的班风、学风就一定不会差。具体来说，怎样和“佛系”的学科教师搭班，才能让班级管理顺风顺水呢？

1. 请“佛系”的学科教师参与班级管理工作。比如，请学科教师协助自己去家访。再比如，开运动会时请学科教师去当技术指导。班主任千万不要命令学科教师去完成任务，这样的态度难免会让他们不买账。

学科教师帮助班主任完成了指定任务后，班主任一定要表示感谢。条件允许的话，还可以请他们吃吃便餐，聊聊学生，谈谈家事，沟通情感。这样既融洽了同事之间的感情，也确定了今后共同努力的方向，以后工作起来就会更顺手、顺心。

2. 帮助“佛系”的学科教师处理琐碎的事情。比如，收作业，与家长沟通，填写表格，开会签到……班主任帮助学科教师处理这些琐碎的事情，是为了让他们能安安心心地教学。认真教学的老师，一定比那些暴躁的、不懂教育又蛮干的老师好太多了。

3. 把自己修炼成一个具备“狼性”的班主任。俗话说，“兵熊熊一个，将熊熊一窝”。班主任既是班级的建设者，也是班级的领导者，从某种角度来说，班主任就是一个带兵打仗的将领。当你的麾下大将都比较弱时，如果你不强，你就不可能把这支队伍带好。我说的“狼性”并非强势霸道不讲理，也并非随心所欲地对学生进行武力惩戒，而是有原则、有坚持、有方法、有爱心的严厉。

说了这么多，归结起来就是一句话：与其想着改变别人，还不如改变自己，当我们足够强大时，学科教师、学生、家长都会为我们喝彩。

22

中途接手的班级死气沉沉，怎么办

钟老师，您好！我是这学期才接手这个高二班级的，班级人数只有9人（其中，7个女生，2个男生）。上学期期末考试，班级总均分排在全市第一名。

经过观察，我发现班上存在一些问题。归纳起来主要就是：1. 上课气氛不好，学生不爱回答问题；2. 学生不太自信（虽然期末考试得了第一名，但他们都觉得更多的是靠运气）。现在我准备从班级文化着手改变。首先是班名，我想了两个班名：璀璨二班和德胜二班（德胜是我的名字）。其次是班级口号，班级口号选的是：璀璨二班，非同一般。最后是班歌，班歌暂定的是《微微》。对于我的这个方案，学生不是很喜欢，可我一时又想不出更好的方案。我想向钟老师请教一下，希望钟老师能够帮忙解答。

一个只有9名学生（7女2男）的高二班级，且期末成绩总均分排全市第一名，这种情况是非常少见的。相较而言，大班额的班级更加常见。我曾带过 90 多个学生组成的班级，还有些老师更厉害，带过 100 多个学生组成的超级大班。

不过，我也曾经带过 25 个学生组成的小班，对小班教学还是有些经验的。我们先来细数一下小班教学的优势。

1. 课堂纪律有保证。9 名学生组成的超小班级，学生违纪的主观意愿不强。上课时，学生一旦想要和同学说话，刚一开口，老师就知道是谁在说话了。如此一来，班上的课堂纪律就有了保证。老师上课不用操心纪律问题，工作压力也就减少了一半。

2. 学习成绩容易提高。班额小，老师对学生的关注度就很高，知识落实得比较到位，作业面批面改是常态，个别辅导起来也较容易。班主任每天找一个学生谈心，两周就可以谈完一轮，对学生的心理状态把控也更到位。

3. 人际关系简单。一个班级总共只有 9 个学生，人际关系未必美好，但一定简单，班主任无须因此而操心。

站在我的角度来看，这种 9 个学生组成的班级，占据很多优势，中途接班的班主任应该很满意，后续工作开展起来也相对容易。

但德胜老师说他的班级气氛不好，学生缺乏激情，他想建设班级文化也鲜有学生支持，就好像有个壳卡在了他前进的路上。那么该如何破开这个壳呢？

首先，关于学生缺乏学习激情的问题。一个人是否能成长，跟他是否有激情关系不大，而是要看他是否有执行力，是否能持之以恒地努力。激情是一种强烈的、爆发性的、为时短暂的情绪状态。激情能使人保持活力，但人若长时间处在激情状态下，往往会出现“意识狭窄”的现象，即认识活动的范围缩小，理智分析能力受到抑制，自我控制能力减弱，进而使人的行为失去控制，变得鲁莽。

从长远来看，学生若要持续发展，心态还是要趋于平和才合理。再说，一个充满激情的人，往往具备“较强的目标感，旺盛的精力，争强好胜的个性，实现愿望的能力”这四个元素。很多学生都很难兼具这四个元素，但这并不影响他们成为优秀的人。

我建议德胜老师保持现状，不必通过喊口号的方式去激发学生的激情，而是多与学生保持一对一的深度沟通，深入了解学生的真实想法，从根本上帮助他们解决成长中的困惑。

其次，关于学生自信心不足的问题。德胜老师说，尽管学生的成绩已达到全市总均分第一，但学生总觉得是因为运气好。这说明学生对自己的评价过低，缺乏自信心。怎么提高学生的自信心呢？取班名不行，喊口号无用，唱班歌也是徒劳。学生的信心建立在解决问题的基础上。老师布置的题目他们能轻易解答出来，有信心！每次考试他们都能考出好成绩，有信心！每次写作文他们都写得得心应手，有信心！老师若想提高学生的信心，那就在知识传授上多下功夫，让学生的成绩稳步上升，如此一来，学生的信心自然就生出来了。

当然，如果学生每天都把时间花在学习上，那么他们的学习目标再明确，也会感到疲惫。因此，班主任需要通过举办一些活动来调节学生的心理，用独特的班级文化滋养学生的心灵。

什么样的活动能调节学生的心理呢？文科班的女生占多数，可以考虑表演课本剧，诗歌朗诵等。条件允许的情况下，也可以把学生带出去参加活动，比如，露营，看流星……总之，在保证安全，不影响学生正常学习的基础上，先满足学生的需要，再向他们提出完善自我的要求才是教育的正道。至于班级文化的建设，班名、班徽、班歌都可以做，学生不愿参与，可能是因为他们的性格比较内敛，班主任可以做出几套方案来征求学生的意见。如果学生不想表达自己的意见，一切全凭班主任定夺，那么班主任就先按自己的设想来实施，也会收到意想不到的惊喜。

班级人数少，气氛确实不容易活跃，这也不必强求，安静读书也是另一种氛围。班主任若喜欢把班级氛围营造得热闹一点，那就先修炼自己。讲课时，自己要充满激情，要幽默风趣，要声如洪钟，要不断地抛出问题引导学生思考，要对学生的反应做出及时准确的回应，要适时地表扬学生，常常给予他们鼓励。

总之，若想把沉闷的班级气氛激活，班主任自身就要是一个“大活人”，甚至是个“戏精”才行。如果班主任自身缺乏生命激情，就很难让学生释放激情。人和人的交往，一定是相互感染、相互影响的，谁的能量大，谁就占主导地位！

23

中途接班，学生的网瘾特别大，怎么办

钟老师，您好！我中途接手了一个八年级的班级，班里有一个来自离异家庭的男生，他长期沉迷于网络游戏。对于这样的学生，我应该怎么做思想工作，才能够让他放下平板电脑和手机，远离游戏，把主要精力用于学习？请钟老师指教。

如果我说，没问题，一定有办法把这个学生从网瘾中拉回来，让他全身心投入学习，那么我说的一定是假话。但很多人未必相信这是假话，因为他们坚信“没有教不会的学生，只有不会教的老师”，从而高估了老师的能力，低估了教师这个职业的难度，同时，也忽略了教育具有不可逆转性的特点。

如果我说，以老师的专业能力，要想解决这个问题很难，那么我说的一定是真话。我要非常真诚地告诉大家：很多错过的问题，很难纠正。除非学生自己有强烈的改变意识，又恰逢好运加身，才能重新走上正道。即使这个学生重新走上正道，学习上的亏空也很难在短时间内填满。

为什么我说转化这个学生的难度很大呢？

其一，新任班主任中途接班，深厚的师生感情还没有形成，学生的生命密码还处于未知状态。此时班主任突然介入学生的生活，打乱他的生活秩序，学生会心甘情愿地接受吗？基本不可能。此外，对中途接班的班主任来说，一切都得从零开始，事无巨细，根本没有时间去专攻某一个学生的教育问题。再说，班主任对待学生本来就要一视同仁，要照顾每个学生的感受，关注每个学生的成长。如果大部分学生都还没有安顿好，班主任就只把精力集中在一个学生身上，那么对其他学生是不公平的。

其二，该学生生活在离异家庭。这些年，我教过不少来自离异家庭的学生，其中不乏身心健康、积极进取的学生，但总的来说，来自离异家庭的学生比来自完整家庭的学生存在更多的问题。我们经常听到这样一句话：每个问题学生的背后，都存在一个有问题的家庭。这句话虽然有些绝对，但也不无道理。父母在离异后，不论主观上多么爱孩子，客观上都会受到这样或那样的限制，从而忽略孩子成长过程中所遇到的各种问题。待到父母猛然惊觉时，问题往往已经演变到不可收拾的地步。班主任再厉害，也无法改变学生的家庭状况。班主任的规劝再动情，学生即便在学校听进去了，回到家后面对冰冷的现实，他刚获得的成长能量也会立马消减。

其三，这是一个八年级的男生。稍有带班经验的班主任都知道，八年级的学生已大面积进入青春期，他们体内的激素水平迅速上升，生理、心理上都会产生许多变化，情绪也容易波动。

作为一个新任班主任，在没有任何情感投入的情况下，你还没有和学生建立起相互信任的关系，也就很难说服学生放下手中的手机和平板电脑用心学习。

其四，这是一个长期沉迷于网络游戏的学生。请注意关键词“长期”，这就意味着这个学生沉迷于游戏不是一天两天的事了。他已经彻底入了“坑”，并且被“坑”里光怪陆离的事物迷得神魂颠倒，不知道自己的人生目标是什么，想要的又是什么。

中途接班的班主任遇到这样的学生，该怎么办？不管不顾吗？当然不行！我的态度是：尽人事，听天命！新任班主任用心、用情，从专业的角度去引导这个学生，如果能拉回正轨，那么皆大欢喜！如果拉不回来，那就稳住态势，不要让其行为进一步恶化。具体做法如下。

一、在精心照顾个别学生之前，先安顿好绝大多数学生。班主任是一个班级的小领队，也是带兵打仗的大统帅。不论是小领队，还是大统帅，都要从大局出发，高屋建瓴，带着整个团队往前冲。班主任只有把大局稳住了，使整个班级呈现正向生长的态势，才有时间去关注极少数存在问题的学生。因此，班主任在准备集中精力转化班级问题学生之前，一定要扪心自问：“我的时间和精力分配得合理吗？我对极少数学生的关注会影响大多数学生的利益吗？我的班级整体运转正常吗？”

班主任只有不断地自我反思，才能重视教育的公平性。我中途接班，首要任务都是从大局出发，首先是进行班集体建设，其次是进行文化打造，最后是教所有学生如何做人和做事。这些集体性事务都做完了，班级已经进入良性循环，我才会关注个别的问题学生。

二、走进学生的家庭，找到问题症结所在。看一看学生日常生活的环境，听一听学生父母离异的原因，了解一下离异夫妻对待孩子的方式……我想提醒一下大家，班主任在家访时要尽可能做一个耐心的听众，千万别对学生的家庭进行评价，更不要对学生的父母进行价值判断。

我只能说，学生的问题，要尽量去学生家里找原因。具体是什么原因，也只有走进学生家庭全面了解后才能得出结论。

其实不管是什么原因，归根结底都跟父母有关。因此，班主任需要弄明白父母对孩子的态度。如果父母对孩子的关注度很高，只是不懂得如何改进自己的教育方式，班主任就要给家长支招，教他们与孩子沟通的技巧，提醒他们对孩子提出明确的要求等。如果父母对孩子放任不管，班主任就要试着做父母的思想工作，让他们转变观念，帮孩子建立自信。

三、与学生建立彼此信任的师生关系。约翰·杜威在《民主主义与教育》一书中提到，老师塑造学生的前提是学生必须对老师有依赖感。对于新任班主任，别说学生对你有依赖感，可能连最基本的好感都没有。学生可能会想，我凭什么要听从一个陌生老师的劝告，从此放下平板电脑和手机专心学习呢?

班主任如何才能与学生建立彼此信任的关系呢？首先，班主任要相信学生一定具备让自己变好的力量，并且要把这样的信心传递给学生。其次，班主任要理解学生的处境，了解学生的烦恼，懂得学生的需求，经常用同理心与学生共情，长此以往，学生就会相信班主任的诚意。

特别要提醒的是，班主任在取得学生的信任之前，千万不要对学生沉迷于游戏的事情进行评价，也不要揣测学生的动机，更不要预测学生的未来，而是要不动声色地观察学生的言行举止，不带评论地听学生讲述玩游戏的感受。一旦师生关系进入和谐期，班主任就可以给学生提出建议和要求了。

班主任可以建议学生压缩玩游戏的时间，请注意是压缩时间，不是完全不让学生玩。应该根据学生的知识储备与能力表现，对学生提出合理的要求。只要学生对班主任有信任感和依赖感，就会努力达到班主任提出的要求。

四、让学生学会依赖人而不是依赖机器。很多学生沉迷于网络游戏，不仅是因为网游有趣，网游可以提升他们的成就感，可以满足学生的征服欲，还有一个很重要的原因，那就是他们对机器和网络的依赖远远超过对人的依赖。

当一个人喜欢在现实世界里进行社交，喜欢与朋友在一起聊天、打球，渴望与人建立亲密的关系时，就会降低对电子产品的依赖。

因此，班主任要在班里为学生打造健康的朋友圈。有些班主任很担心为学生打造了朋友圈后，一些同圈层的学生会组团玩游戏。这种现象确实存在，但不必过分担心，这些学生即使组团玩游戏，主要还是以社交为目的，他们可能会迷恋和朋友一起玩游戏的感觉，但不会上瘾。学习压力小的时候，他们会扎堆玩一玩，学习压力一旦增大，他们马上就会回归正题，并且外部力量的干预也容易见效。

对于极少数存在问题的学生，班主任在抓好班级整体建设后，一定要花精力去帮助他们。但要记住两句话：改变能改变的，稳住不能改变的；如果问题不能在短时间内解决，那就要做保守“治疗”，千万不能让其恶化。

24

中途接班，班里的学生特别吵闹，怎么办

钟老师，您好！我仰慕您很久了，也一直在学习您的班主任成长课程。现在我遇到了一件很棘手的事。这学期我调到一所新学校，接手了一个五年级的班级。这个班总共有51个学生，其中有十几名教师子女。班里的每个学生都很聪明也很活跃，这就导致这个班背负“全年级最乱最闹班级”的名声好多年。一个月过去了，我用了一些奖惩机制来管理班级，班级整体纪律有所好转，但还是经常接到学科教师的投诉。恳请您帮我把把脉、支支招，谢谢！

我们先来看看这位老师调到新学校接手新班级遇到的根本问题是什么：班级纪律差，课堂效率低。这还只是表象问题，真正的问题是：课堂纪律差导致学生的学习成绩达不到预期的目标，也就是学生考不出理想的成绩，老师倍感焦虑。

学生成绩不理想，学科教师感到焦虑，这无疑给班主任增加了巨大的压力。况且这位班主任还是新调来的，业绩没有，口碑未立，学生不

服，家长不信，感觉就像是进了一个死局。

也就是说，这位新任班主任要在短时间内解决新班级的沉疴痼疾。这真的很难，但也不是毫无办法。那么这位班主任如何才能在死局中找到生门呢？

先要找出学生喜欢吵闹的原因。这位老师的分析是班里有十几名教师子女，而且班里的学生都很聪明、很活跃，因此这个班背负了“全年级最乱最闹班级”的名声。我觉得教师子女扎堆与学生聪明活泼不是班级吵闹的主因。真正的原因有如下几个。

1. 天性使然，小学生的天性就是喜欢叽叽喳喳、吵吵闹闹。

2. 小学生的自控力较弱，注意力集中的时间很有限。

3. 小学生的规则意识较弱，行事往往凭感觉，也很难考虑别人的感受。

4. 班级学生整体性格活跃，喜欢表现。

5. 学生没有学会如何倾听他人说话。

原因找出来后，接下来班主任就要来解决问题了，具体做法如下。

一、摆正心态，不着急，不发慌。既然这个年龄段的学生天性如此，那么班主任就要降低对他们的期望值，对他们多一些包容。降低期望值并非放任学生不管，而是班主任要遵循学生的成长规律，不拔高要求，不徒增烦恼，不恼怒行事，循序渐进，不急不躁。

二、采用“胡萝卜＋大棒”的整顿原则。这位班主任是外校调来的老师，又是中途接班的班主任，师生关系还未建立，学生对班主任既无崇拜，又无依赖。此时班主任若甩出雷神的重锤，学生必然不服。而且五年级的学生已经进入青春期前期，此时班主任如果一味地对他们进行压制，必定会逼得他们造反。因此，班主任要对学生多投入感情。比如，真诚地夸赞他们，和他们一起参加活动，多跟学生交流想法。有了这个“胡萝卜”做铺垫，学生再在课堂上吵闹时，班主任才好举起“大棒”，这个“大棒”就是惩罚。比如，让学生适当抄写“静听则明，静心则专，静思则通，静坐则宁”，学生抄完之后还需要背诵。还比如，适当压缩学生的课外活动时间。班主任要让学生明白：原则之内寸步不让，原则之外一切好说！

三、**起用教师子女做得力的助手**。既然这个班有十几名教师子女，班主任就要把这个资源很好地利用起来。班主任可以单独召开教师子女会议，会上要明确地告诉学生：“教师子女就是父母的招牌，如果咱们班的教师子女表现得太差了，别人就会说，某老师的孩子表现得很糟糕。所以咱们教师子女要争气，要在班里起到带头作用，用自己的行为，带动其他同学，为自己正名，为班级争光。”和学生打感情牌，通常会把学生的积极性激发出来，如此一来，老师再想管理好班级纪律，也就不难了。

四、利用放学之后的时间训练学生的静气。班主任要提前告诉学生，课堂上喜欢吵闹是因为自身性格太过浮躁而静气不足，因此班主任要利用放学之后的10分钟时间训练学生的静气。如果学生的静气足了，班主任就可以将训练时间缩短到5分钟，或者停止训练。如果效果不明显，训练时间就要增加到15分钟，甚至20分钟。

训练静气时，适合播放令人心神安宁的轻音乐。班主任可以让学生把桌面收拾干净，放空大脑，放松身体，闭上眼睛，把一天的烦心事都抛在脑后，把愉悦轻松的事装进脑中。

经过一段时间的训练后，当学生的静气溢满心间时，课堂上随意吵闹的现象就会有所改善。

五、刻意训练学生倾听的能力。如今，很多小学生缺乏倾听的意识，他们喜欢表达，而不喜欢倾听，也不会倾听。小学阶段没有学会倾听的学生，到了中学，学习成绩会大幅度下降。

因此，小学阶段的班主任以及学科教师，要科学地训练学生学会倾听，这一点非常重要。

每天上课前，老师都要不厌其烦地提醒学生正确倾听的要求。老师讲课时，学生要保持安静，专心听老师讲课；老师要求学生发言时，学生要举手示意，获得许可后才能站起来回答问题；一个同学回答问题时，其他同学都要侧耳倾听。老师交代了这些倾听要求之后，上课就要注意观察，如果学生做到了正确、认真地倾听，老师就要给予表扬。如果没有做到，老师就要及时暂停上课，再次强调倾听的要求。老师不要怕耽误课程进度，磨刀不误砍柴工。学生只有学会了倾听，课堂纪律才能好，教学才能出成绩。

六、请学科教师在课堂上纠正学生不良的倾听习惯。新任班主任想要利用原有的教育资源来管理班级，确实有些困难。很多学科教师对课堂纪律的管理都存在认识上的误区。他们普遍认为，课堂纪律不好，就是班主任的管理工作做得不好，忽略了“谁的课堂谁负责”这个教育常识。

可是，我们又很难改变学科教师的想法。既然如此，那就换一种策略来整合这些资源。班主任要多和学科教师进行情感交流以增进感情。同事之间有了情感纽带之后，班主任就可以请学科教师在自己的课堂上重点关注那些喜欢讲话的学生。具体要怎么关注呢？

1. 用手势制止学生的吵闹行为。比如，对着说话的学生做“嘘”的动作，或者做暂停的手势，直到全班学生都安静了再接着讲课。

2. 用眼神制止学生的吵闹行为。向说话者投出凌厉的目光，吵闹者在老师凌厉目光的震慑下，一般都会心生胆怯而停止吵闹。

3. 用高亢的语调制止学生的吵闹行为。学生正在肆无忌惮地说话，老师突然提高讲课的声音，高亢激昂地对着吵闹者讲课，一定会让随便说话的学生识趣闭嘴。

4. 用特定的动作制止学生的吵闹行为。既然教室里有学生说话，那么老师就不要固定在某一个地点讲课，而是要一边讲一边不动声色地走到讲话者旁边，用手轻拍他的肩膀，或者轻握他的胳膊，也可以敲一敲他的课桌。总之，就是要有动作上的提醒和干预。

如果每个老师都有自己坚定不移的课堂原则，都能担负起课堂的管理职责，那么课堂纪律一定会得到改善。如果说孩子的毛病大都是家长惯出来的，那么学生的毛病大都是老师放任出来的！

中途接手这么一个被放任多年的班级，新任班主任确实要有坚强的意志、旺盛的精力，还要有全局思维，以及整合资源的能力，才能让这个班级的纪律得到改善，否则，“全年级最乱最闹班级”的名声就只有背到毕业！

25

中途接手人际关系不健康的班级，怎么办

钟老师，我是一所民办中学的女老师，教龄四年半。这学期我来到一所新学校，接手高二年级的一个班级。这也是我第一次当班主任。刚接手这个班时，我不是很了解情况，再加上没有经验，对学生管理得非常严格，表面上看班上各方面情况都还好，其实私底下已经暗潮汹涌了。由于学生对我的评价非常低，我就改变了管理风格，不再以罚留校、罚打扫卫生等方式惩罚他们，而是以谈心、鼓励为主。但这也导致班上一部分男生为了引起老师的关注，故意装病，甚至排斥那些我任命的男生班干部。后来他们看我对女生比较好，就有几个男生去校长那里告状，说我“重女轻男”。这件事直接导致我的教育信念崩塌，我当时就提出了离职，但是最后还是被班干部劝回来了。现在班上的气氛特别奇怪，男女生关系对立，班风学风一落千丈，学生背后对我的议论也是乱七八糟。请问钟老师，我接下来应该怎么做呢？

我们先来分析一下这位老师的个人和班级情况。

老师的个人情况：女性，教龄四年半，第一次当班主任。按理说，教龄四年半的老师应该可以独当一面了，但她毕竟是第一次当班主任，又是到新学校中途接班，所以出现问题实属正常。

接手班级的情况：高二年级，先是学生对新任班主任评价低，然后是部分男生想寻求女班主任的关注，造成男女生关系对立。归结为一句话，就是健康的师生关系没有建立起来。

目前这位班主任遇到的问题主要有三个。

1. 简单粗暴的管理方式导致学生不信服班主任，丧失了师生关系建立的最佳时机。

2. 班主任和个别学生谈心后，部分男生想寻求班主任的关注，导致同性之间关系互相排斥，异性之间关系互相对立。

3. 班风不正，私下猜测议论不断，人际关系混乱。

那么，中途接班，尤其是年轻的女性班主任中途接手高中的班级，该如何对男女生一视同仁，以促进班级健康人际关系的发展呢？

1. 口头上向全班学生表明男女平等，行动上要做到同等对待。想要掌握好其中的平衡点，对于年轻老师来说确有难度，而且她是中途接班的班主任，教室里的学生均是陌生人，想要找到工作的突破口，就必须努力找平衡点。以我的实践经验来看，班主任只要秉持“与每个学生等距交往”的原则，就不会惹得学生为寻求关注而有过激行为。

2. 与男生交往时要公开化。前文中的女班主任谈到她班里的男生为求得她的关注，竟故意装病，甚至还排挤班主任任命的男生班干部。为什么男生有这样的反应？高二年级的男生，十六七岁；女班主任，教龄四年半，二十多岁。一群青春年少、精力旺盛的男孩，一个年轻有活力的女老师，相交的度一旦没把握好，男生心里就会产生莫名的依恋感。

因此，年轻的女班主任在与高中男生单独交往时应做到：于事，公事公办，长话短说；于情，尊重自持，点到为止。也就是说不论是做事，还是说话，年轻的女班主任都要给学生暗示：我给你关怀与帮助，仅仅因为我是你的老师，我必须尽一个老师的责任，每一个学生于我而言，都是我特别看重的弟子。师生之间，无论关系多好，交往都必须有边界，这个边界谁都不要打破，身为成年人的老师必须清楚并且力图做到。

3. 与女生交往时要生活化。女生比较感性，如果班主任私下总是跟她们谈人生、谈理想，她们就会觉得这个老师很无趣、很迂腐。因此，女班主任跟女生交往时，要尽可能地生活化一些。比如，她们喜欢吃什么零食，可以与她们一起吃；可以与她们讨论如何养护皮肤；还可以和她们讨论时下流行的话题……总之，只有走进女生的生活，与女生聊生活，女生才更容易接纳和喜欢新任班主任。

4. 与全班学生交往时要制度化。这种交往通常是在特定的场景，比如，在教室里，师生谈论的话题与学习有关，与做人做事有关。因此，班主任在与学生交往时，谈论的内容要客观，语气要果断。比如，学生早读时有些吵闹，早读达不到预期的效果，班主任可以这样说："今天早读时，有部分同学在说与早读无关的话题，以至于影响了早读效果，我的心情很不愉快，我不接受这种行为！第一次发生这种情况，我原谅。出现第二次，我提醒之后，还可以原谅。出现第三次，我再提醒，再原谅。出现第四次，对不起，事不过三，我肯定会'亮剑'！"

前文中的女老师是中途接班，与学生的关系还没有建立起来，对学生的情况也没有了解清楚，就采用"罚留校、罚打扫卫生"等严厉的方式惩罚学生。罚打扫卫生学生还能勉强接受，罚留校就是一种特别不明智的做法了。要知道学生最渴望的就是放学、放假离校回家了，老师偏偏要剥夺他们按时回家的权利，他们必然心生不满。

因此，班主任在教室里与学生交往，一定要遵守班级制度。如果还没有制定班级制度，那就赶紧与学生一起制定。在制度出台前，班主任一定要客气、克制，不可心血来潮，把学生当面团一样揉捏。对于高二年级的学生，只有被他们真心喜欢且敬重的老师，才能管得住他们，否则他们就会“大闹天宫”。

上文所述的师生关系建立的方式，其实应该是接班老师在刚进班时就要花心思去做的事，可惜这位老师错过了有利时机，导致班级人际关系混乱，学生思想溜号，老师尴尬崩溃。具体该怎么补救呢？我的建议有两条，这位老师可以根据自己的实际情况选用其中的一条建议。

1. 暂时辞去班主任工作，潜心提升教学技能。其间，优化人际思维，提升关系建立的能力。可以读一读熊太行的《掌控关系：人人都需要的关系百科》，史金霞的《重建师生关系》，还可以读斯特蒂文特的《零距离师生关系》。班主任是班级的建设者和管理者，天天与人打交道，如果不懂得人性的特点，不懂得人际关系策略，就不能准确地觉察学生的情绪变化，不能洞悉学生行为背后的心理原因。如果仅凭粗暴的管控和拼命硬干的方式当班主任，那么只会费力不讨好！

2. 一切归零，重新开始。错误的开始并不等于错误的结果。这位老师已经发现问题，并且痛定思痛，想要寻求解决之道，这说明她并不是一个喜欢逃避问题的人。那么，这个问题该怎么解决呢？首先，当着全班学生的面解释自己当初严苛管理班级的原因。其次，告诉学生由于自己在与他们交往时没有把握好尺度，从而引起了部分同学的误会，自己对此深表不安，请学生谅解。再次，向全班学生表示，虽然自己第一次当班主任就出师不利，但自己绝不会退缩，一定会加强学习，提升技能，再接再厉！最后，请求学生给一个新手班主任一次成长的机会，并坚定地表示自己愿意与他们一起谱写一首奋进的战歌，使其成为大家心底最美好的回忆！这样真诚的态度，大气的性格，有错必纠的胸怀，永不放弃的精神，一定能感染学生。老师的言语教育未必有用，但身体力行的影响一定存在！

26

新手班主任中途接手毕业班，怎么办

钟老师，我的教龄一年半，有一年的班主任工作经验。工作第一年，我担任七年级一个班级的班主任。我是比较严厉的老师，因此班级成绩还可以。可能也是因为我很严厉，所以学生跟我的关系比较疏远，班级整体氛围比较紧张。

工作第二年，我到另一所学校代课半年。今年我入职新学校，学校领导安排我担任九年级毕业班的班主任。这个班级的学生比较闹腾，成绩不太好。现在我有一些困惑：1. 我没有带毕业班的经验，一时之间难以赢得学生和家长的信任，该怎么办？2. 在开学之初，我要以怎样的姿态出现在学生面前？我带七年级学生的时候，一开始就很严厉，所以还压得住他们。九年级的学生普遍比较有主见，我怎样才能让他们听话？3. 毕业班的学生压力很大，受疫情影响，他们有一个学期都是在家里上网课，再进入学校学习肯定需要一段时间适应。作为班主任，除了完成常规教学任务以外，我要如何帮助学生快速适应高强度的学校生活，同时缓解他们的逆反心理呢？

对初入职的年轻老师来说，教材还没吃透，带班经验相对欠缺，就被委以重任接手毕业班，实属责任重大。这位新手班主任该如何做，才能在班级整体成绩不够好，学生还很闹腾的情况下打一场漂亮的翻身仗呢?

我说的这个翻身仗不是横比，而是纵比，也就是班级自身表现的前后比较。比如，接班时的三项数据（优秀率、及格率、班级均分）与毕业时的这三项数据相比较，如果有较大幅度的提升，就是打了翻身仗!学校会对每个班级的成绩进行横比，班主任可以把它当作努力的动力，但不必为此而焦虑不堪。教师的职业之路很长，一定要稳步前行，千万不要才走出几步，就感到倦怠了。班主任在解决问题之前，一定要有自己的判断和思考。

一、全面了解学生的情况，制订有效的治班策略。了解是有效教育的前提。那么班主任应该从哪些渠道去了解呢?

可以询问相关学科教师，了解学生在课堂上的表现，哪些同学听课状态好，哪些同学喜欢回答问题，哪些同学头脑灵活，哪些同学经常违反课堂纪律，等等。还可以向学科教师了解学生的课堂作业及家庭作业的完成情况。提前找出反面典型，便于开学之后进行整顿。这种整顿并非为了打压学生，而是要通过制定课堂纪律和作业收发制度，督促学生认真听课，认真完成作业。

对全班学生八年级下学期的期末考试成绩进行分析。每个学科的优秀率是多少，及格率是多少，不及格率是多少，优势学科是哪一科，弱势学科又是哪一科，哪些学科的成绩还有提升空间，可以为学生提供哪些有针对性的学习方法……班主任充分了解学生的学业成绩，有助于开学后制订合理的教学方案。

私下找学生了解班级闹腾的原因，班里的氛围怎样，哪些同学很有正义感，哪些同学喜欢惹事等。

先将问题分析透彻，只要把问题产生的原因分析清楚了，解决方案也就出来了。

二、狠抓课堂纪律，保证课堂质量。课堂是常规教学和学校德育的主阵地，一旦失守，全盘皆输。因此，不论学生同意还是不同意，班主任都要与学生一起制订课堂管理规则。课堂管理规则要简单易行，3—5 条即可，既好记忆也好落实。1. 上课时间，不说与本课堂内容无关的话。2. 上课时间，不看与本课堂内容无关的书籍。3. 上课时间，不做与本课堂内容无关的事情。4. 上课时间，不想与本课堂内容无关的人和事。5. 自习课上，一切与学习无关的活动都不支持。

如何落实课堂管理规则呢？我建议班主任严格执行。第一步，抄写。学生抄写的过程就是接纳规则的过程。第二步，朗读。让学生利用课前时间大声朗读，直到读熟为止。第三步，背诵。背诵的过程就是把规则内化为价值观的过程。第四步，默写。第五步，抽查。这五个步骤进行下来，学生就能清楚明白地知道：课堂纪律是大家高效学习的保障，谁都没有资格破坏它！

除了狠抓课堂纪律之外，还要培养学生良好的听课习惯。我个人不太赞同闹哄哄的课堂，看起来是全员参与，但那往往是抖机灵，学生的听课效果非常有限。真正的学习过程，是艰苦的，需要静下心来认真倾听。班主任要明确提出要求：老师在认真讲课时，学生就应该认真倾听；老师要求讨论时，学生就应该积极讨论。守不住枯燥的学生，就享受不到高光时刻；耐不住寂寞的花园，哪有繁花盛开？

从人的认知天性来讲，反复回想所学的知识点，经常对知识点进行测试，学习的效果会更好。因此，经常复习和考试也很有必要！

三、严于律己，让学生心服口服。有的老师看了前文，心中不免会担心：一个中途接班的班主任，对学生的要求如此之多，是否会难以服众？没错，一个对自己要求很松懈，对别人要求却很严苛的班主任，学生是一定不会服气的。

班主任必须起到榜样示范的作用。比如，你要求学生每天早晨 7:10 到教室，那你每天最晚 7:00 就要到教室，并且是风雨无阻，以自己的行动为学生做榜样。

也就是说，你可以对学生严格要求，但是，首先你必须对自己严格要求。

有一年放暑假前，语文备课组长要求每个学生在假期完成 5 篇作文。每篇作文的字数最少 600 字。学生听完哗然，纷纷吵嚷着说，5 篇作文太多了。

我说："50 天假期，5 篇作文，每篇作文不少于 600 字，总共也就 3000 多字，你们竟然还嫌多！这样吧，我每天写一篇千字文，放在我的 QQ 空间里，你们随时可以来阅读和监督，50 天我就写 50 篇。现在，你们还嫌 5 篇作文多吗？谁愿意跟我交换作业？"

学生听了我的话，再也不抱怨作文多了，反而尴尬地答道："不多，不多，很合适。"现在，我的 QQ 空间里，还留着那 50 篇千字文呢。

学生知道我一向说到做到，再也不起哄说作业多了。我告诉学生："你们只看到我荣誉加身，但是你们没看到我枯坐冷板凳时的身影。每一次人前的光鲜亮丽，背后都需要经历千锤百炼。"

对自己严苛，让自己变得更强大、更优秀，威信自然而生。这样的班主任往学生面前一站，不怒自威。对学生严厉一点又何妨？你有资格，有底气，学生也会敬佩你。

至于开学前要怎么做，疫情期间学生的学习效果不好，教师怎么帮助学生适应，这些问题都不要太放在心上，学生的适应能力超乎我们的想象。我的学生疫情后返校的第一次考试，考得一塌糊涂。看到成绩，大家都慌了。但我没慌，我认为学生只要回来了，只要明白了自己需要做什么，很快就能将状态调整好。事实证明我的想法是对的：今年中考，全班同学都考得不错。一心想上深圳中学的靖成，考了年级第一名，毫无悬念地进入自己理想的学校。渴望上深圳中学，但又觉得自身实力不够的俊宇，也超常发挥，如愿考进深圳中学。

四、把家长当作合伙人，赢得家长的信任。家长对老师最大的要求就是希望老师对他的孩子好。这个“好”，包括接纳并喜爱他的孩子，有机会就表扬他的孩子，还要提高孩子的成绩，理解孩子的心理需求，不要无故批评指责他的孩子。

总之，只要班主任把心思都用在学生的成长上，真正关心学生，家长就会信任班主任。信任是做出来的，不是说出来的，也不是讨来的。每个家长心里都有一杆秤，老师是好是坏，他们的心里很清楚。

还有一点，班主任不要随便给学生贴上“叛逆”的标签。绝大多数学生性格都很温顺，配合度很高，他们不想和父母、老师唱反调。但如果老师不懂他们的心思，不顾及他们的感受，不爱护他们的面子，他们就会很恼火，就容易和父母、老师对着干。学生的叛逆行为，往往是父母和老师激发出来的。

最后我想说的是，不论是什么样的班级，只要答应接手，班主任就要把学生当成自己的孩子那样认真对待。每天早来、晚走，课间守住教室，给予学生生命在场的高质量陪伴。不要过度纠结于学校的目标任务。距离中考还远呢，一切都未可知。还不如运用近思维，掌控当下能掌控的事。有句话说得好：你只管精彩，老天自有安排。

27

中途接手一个由各班中等生重组的毕业班，怎么办

钟老师，本学期学校安排我中途接手九年级的一个班级。这个班级很特别，是由学校各班的中等生重组起来的，班里人际关系很复杂，我该怎么办呢？

既是中途接班，接手的还是各班中等生重组的班级，并且还临近毕业。这样的班级人际关系复杂，凝聚力较差，学风不浓。为什么这么说呢？

首先，这个班的生源都是各班的中等生，他们各方面表现平平，是班里沉默的大多数。这些学生做事比较被动，心态平和，通常都是知足常乐的性格。中途接班的班主任想在最后一年激发他们的上进心，改变他们的学习态度，这对班主任的精力和体力都是巨大的考验。

其次，新班级是由各班学生重组起来的，容易出现各自为政的小团体。原班同学都扎堆一起玩，难免会排挤来自其他班级的学生，交友圈很难交叉融合。这就导致班级人心涣散，人际关系复杂，大家静不下心来读书。班主任若能把这类班级的人际关系处理得融洽和谐，必须是人际关系攻略的高手。

最后，学生的自信心和表现欲都不强。他们的成绩长期处于中等水平，很少有机会站到前台表现自己，他们得到的掌声也很少，久而久之，就给自己贴上“我不行”的标签。对于这种自信心不足，又不想改变现状的中等生，想要他们升级为优等生，可能性很小。

在此，我们不妨来分析一下为什么大多数学生不能成为优等生，而是成了中等生？

1. 数据决定了分层。不论多么优秀的人，只要他进了一个比他本人更优秀的团队，他很可能就成了团队里的中间层。比如，我当初读书时，在我所在的乡镇学校，我的成绩一直名列前茅。到了县里的学校，我的成绩排名有所下降，但还算是优等生。可是到了省里的学校，我就是个中等生了。毕竟第一名永远只有一个！

2. 甘居中游，快乐自在。我们通常把班里的学生分为三个层次：优等生，中等生，后进生。虽然这种分层标准有失公允，但这样的分层情况确实是客观存在的。优等生的压力最大，他们表面光鲜，内心焦虑，特别害怕失败，由于竞争激烈，优等生之间的人际关系也比较紧张。后进生的日子更不好过，一提到考试，他们就伤脑筋。唯有中等生，他们不用像优等生那样时刻害怕别人超过自己，人际关系反倒和谐，也不用像后进生那样将学习当成负担，虽然没有荣耀加身，但是也不会总被父母和老师指责，看起来日子过得挺滋润的。

3. 内驱力不强，得过且过。优等生往往会在学习上较劲，是因为他们有非常明确的目标。可是中等生通常是顺其自然，走到哪里黑便在哪里歇，很少会对自己的未来做规划。他们的内驱力相对较弱，抱着得过且过的生活态度。

我做如此分析，并非是劝中途接班的班主任认清形势就此罢手，而是想要通过上述分析找到班级重建的正确途径。

我想先给中途接手这类班级的班主任吃一颗“定心丸”：这样的中

等生，通常心理很健康，只要你把握好管理的尺度和分寸，他们都会很配合。具体要怎么管理呢？

1. 通过调整座位打散原有的小团体，形成充满新鲜感与活力的新交友圈。班主任在着手重整人际关系前，必须认真做功课。找前任班主任了解学生的性格和人际关系特点，做到有针对性地重建。学生的适应力很强，同学之间不论先前有多陌生，通常只要坐在一起，几天下来就能成为朋友了。

2. 通过向学生表明心迹、一对一交流等途径与学生快速建立彼此信赖的关系。中途接班的班主任不必掩饰和压抑自己的感情，而是要在不同的场合向学生表明“我接受并喜爱你们”的想法。再利用下课后的时间，找学生一对一聊天，不必聊得太久，5 分钟即可。怎么聊呢？可以用这样的模板。

第一句，带有正面评价的称赞。班主任可以这样说：“你是我见过的特别有趣（可爱、守纪、配合度高、责任感强）的小帅哥（美少女）。”这句话中有对学生的正面评价，还有学生最喜欢的“帅”或“美”等字眼，他们听后，犹如蜜糖浸心，表面上可能不动声色，心里却是欢天喜地。

第二句，利用积极期望获得学生的认同。班主任可以这样说：“我站在一个专业人士的角度对你说一句专业的话，你特别聪明，未来可期，我要对你进行长期投资，至于回报率嘛，我相信你不会让我失望的。”说这句话时一定要强调自己的专业性，因为专业人士说出来的话可信度高，学生听后就会对自己的能力深信不疑。

第三句，提出行动建议。建议必须有可以落地实施的策略，切忌说一些放之四海而皆准的空话。班主任可以这样说：“从现在开始，如果你每节课都能做到一边听课一边做笔记，你的进步就会非常明显。”这样的策略非常多，只要够具体，能落地，易实操，怎么说都可以。

中途接班的班主任切忌高高在上，远离学生，端坐办公室，这样的一对一交流更能赢得学生的心。

有了情感基础，班主任就可以带着学生一起制定班级奋斗目标了。由于临近毕业，时间短，任务重，因此班级奋斗目标一定要简单明确。目标制定出来后，班主任就要带领学生围绕这些目标努力。不论做什么事，都要以目标为导向。

3. 激发学生的生命活力。对于处在班级中间层的学生，如果有外部力量推进，他们就能进步的话，班主任为什么不给他们打点“鸡血”呢?

可以每天早晨一起喊励志口号，也可以每天放学时让学生进行自我总结。班主任要给学生布置明确的任务，如若不完成，就要进行适度的惩罚。当然，班主任要起到榜样作用，要求学生做什么，班主任首先就要做到。

4. 拓宽学生的视野，扩大学生的野心。我一直坚信，成功的人都是有野心的。班主任可以利用视频资料，把学生带进多姿多彩的大学生活里去，让他们看到更广阔的世界。如果条件允许，那么，还可以利用寒暑假，带学生去大学校园中参观考察，把大学梦扎根在他们心灵深处。只要心中有梦，他们早晚会去寻。

当然，老师也要理性，要明确自己的能力范畴。我们不可低估教师这个职业的难度，也不可小看人性的固执。一个中等生扎堆的重组班级，经过师生的共同努力，整体成绩得到明显提升是有可能的，但也有可能原地踏步。班主任一定要引导学生以平常心看待最终的结果，只要努力过就会有收获。

28

中途接班，中等生成绩退步了，怎么办

钟老师，您好！我对您十分钦佩。希望经过不断努力也能成为像您一样优秀的班主任！

我是一名数学老师，工作六年了，担任班主任工作四年，现在中途接手了一个九年级毕业班。

我们班整体学习氛围良好，第一次月考班里学生的化学平均分在年级排名第二，但是近期，化学老师跟我反馈学生的学习状态不佳，主要体现在上课不积极思考问题，课堂效率不高等方面。在接下来的几次化学小测验中，他们的平均分一直在退步。

我具体分析了学生化学成绩退步的原因，优等生还是保持了很好的成绩，但是中等生的成绩却在退步，满分为 50 分的试卷，40—45 分的学生寥寥无几。

我想请教钟老师，对于这种情况，我作为班主任应该怎么给学生做思想工作，又该怎么调动中等生的学习积极性呢？

这位老师说他分析了学生化学成绩退步的原因，可是却没有告诉我学生退步的原因到底是什么。

不过还好，我也接手过类似的毕业班，学生在学化学时也是叫苦连连，化学老师也是倍感焦虑。后来，经过师生的共同努力，那些曾经退步的学生中考时考得也挺好的。

那么这些曾经退步的学生，尤其是中等生，他们的化学成绩是怎么提升的呢？首先我要表明态度，努力的过程中，真正起作用的还是化学老师。我是一名语文老师，已经远离化学学科的学习很多年了，平时阅读也没有涉及化学领域，所以我要奉劝那种想凭一己之力跨学科提升学生成绩的班主任：先守住自己的专业，在此基础上助力其他学科教师，你只能助力，不太可能成为主力！当然，数理化通吃的班主任或许要另当别论，但这种特例难以复制，不具有推广性。因此，我尽管非常敬佩那些能跨学科辅导学生的班主任，但我还是只能一笔带过。

大多数无法跨学科教学及辅导学生的班主任，中途接手毕业班，遇到学生其他学科的成绩下滑时，班主任该如何稳住情绪？如何分析下滑原因？如何帮助学生提升成绩？

既然该老师问的是中等生化学成绩退步怎么办，那就以我去年接手的璀璨六班为例，谈谈我是如何助力化学老师调动中等生的学习积极性的。

化学是九年级才开设的一门新学科，学习时间紧，所学内容多，考试压力大。因此，每一次阶段测试，我都会听到化学老师抱怨学生学习能力差，上课专注力不够，作业完成得很糟糕，考试成绩退步……但等到中考时，学生的考试成绩都相当不错，尤其是班里那些中等生，相比开学之初，都有很大的进步。那么学生的化学成绩究竟是怎么提升的呢？

该记头功的当然是化学老师，我只是起到了锦上添花的辅助作用，具体有哪些策略呢?

一、全面分析学生的成绩。我的做法是参考学生近三次的考试成绩，这样分析出来的数据会更准确一些。数据出炉，班主任可以在数据层面将学生分为三个层次：优等生，中等生，后进生。能够在九年级还把成绩稳定在班级前列的学生，肯定是基础扎实，学习能力较强的学生，班主任要加强他们的心理建设，学习方面则无须过度关注。后进生在最后一年逆风翻盘的机会较小，班主任要重点保持他们的学习积极性，引导他们做好未来的规划。真正需要重点关注的应该是中等生，他们的成绩不好不坏，排名可上可下。老师重视，他们便进步；老师忽略，他们就很容易退步。班主任要把所有中等生的成绩汇总起来，单独造册，找出他们的弱势学科。化学是九年级新开设的学科，中等生就很容易掉队。

二、召开中等生会议，了解学情。首先，班主任要了解中等生上高中的意愿。意愿强烈的学生目标感强，只要有人推，他们就会跑得很快。意愿较弱的学生对学习不太上心，积极性也不容易被调动。只有弄清楚学生的意愿，才能激发学生的内驱力。其次，班主任要了解学生成绩掉队的原因，究竟是听不懂，还是没复习，抑或是不喜欢化学老师，班主任一定要逐个分析具体的原因。只有分析了具体的原因，才能对症下药。

三、激发中等生的学习内驱力。激发学生的学习内驱力，一是靠班主任的感染力，二是靠班主任的拖拽力。如果班主任的性格积极要强，生命姿态昂扬奋发，行动力强，榜样示范做得好，那么班主任的感染力就会特别强，会不知不觉地带动学生一起前行。有些学生虽然会被班主任的行为和精神感动，但其本身的行动力比较差，这个时候班主任就要去拖拽他们了。怎么拖拽呢？班主任先向他们描绘考上高中的好处，再向他们描绘美好的大学校园生活，激发他们的强烈愿望，时时给他们打气。每天都要求他们反馈化学课堂的听课情况，每一次考试都要查看他们的成绩，进步的，给予表扬，退步的，提出要求。

四、外部推动，提升学生的学习能力。这个任务主要由化学老师来完成。班主任能做的就是帮助化学老师扫除一切障碍，让化学老师可以放手一搏。因此，班主任一定要与化学老师建立融洽的关系，把自己的建议准确地告知他。班主任在向化学老师提出建议时一定要诚恳，用请求的语气。具体有哪些建议呢？

1. 请化学老师提醒学生课堂上听讲要专注。可以请化学老师关注学生的听课状态，一旦发现学生走神，要立即用眼神、语言、肢体等方式将学生的心神拽回来。

2. 请化学老师向学生强调背诵的重要性。化学知识有很多是记忆性的内容，需要用心记背。尤其前面几个章节的内容，相当于入门课。如果学生不愿意记忆，知识就没法沉淀，既影响平时作业完成质量，又影响考试成绩。

3. 请化学老师对学生进行适应性训练。从学习效果来看，学生纯粹听老师讲授知识，即使全部听懂，两周后也只能记住其中的小部分。如果采用实际演练的方法，比如，听写、默写、做题、测试等，学生就能记住较多的知识。还有一种方法效果会更好，那就是让中等生带徒弟，要求师父用学到的知识教徒弟，必须把徒弟教会，这样的学习方式可以让师父记住绝大部分的知识。当然，老师的个别辅导也很重要。不过，个别辅导纯属自愿，若化学老师不愿意利用休息时间辅导学生，班主任也没有权利强求。有些时候，班主任的一腔热情确实有可能被一盆凉水浇灭。真正优秀的班主任无不是看尽真相，历经沧桑，还能永葆教育初心的人。不抱怨，不泄气！别人不干，自己干！此招不行，换招再战！

五、巧用奖励，激发学生的学习动力。对九年级的学生来说，物质奖励的吸引力虽然降低了，但如果偶尔有些好吃的零食奖励给他们，那么他们还是会相当兴奋的。为了安全起见，我比较喜欢请家长亲自把食物做好送到学校来，当然费用肯定是由我来承担。比如手工牛轧糖、泡椒鸡爪、小饼干、小蛋糕、艾叶粑等，学生可喜欢了。

学生的成绩进步了，我还会请学生家长来学校，亲手给自己的孩子颁发一张“进步奖”的奖状，家长和孩子都会觉得特别有成就感。

奖励学生的方法还有很多，但要确保学生喜欢，能感到惊喜，感到被看见、被重视。

在文章的最后我需要做一个真诚的说明：不是所有中等生的学习积极性都能被调动起来。他们必须满足五个条件：学得懂，有目标，不服输，身体好，三观正。如此，班主任的付出才会见效。

如果你的学生不具备上述条件，那么任你使出浑身解数也只会收效甚微。努力了，不一定有效果；但不努力，一定没效果。

29

中途接手问题多到不知从何下手的班级，怎么办

钟老师，学校安排我中途接手一个问题非常多的班级。我曾在这个班级上过课，总体印象是课堂纪律比较差。听说这个班级学生的心理问题比较多，前任班主任跟班上的学生关系不好，曾被学生气哭过，前任班主任和家长的关系也处理得不太好。我的问题是：如何让学生快速接受我，同时整顿好班级存在的各方面问题？

这位老师提出了这个班级存在的四个问题，其中有三个问题是他听说的，一个问题是他亲历的。每个问题背后都隐藏着接班老师的忧虑。

1. 学生的心理问题比较多。我该怎么去修复学生的心理？

2. 前任班主任曾被气哭过。要是学生公开挑衅我，我是不是也会被气哭呢？

3. 前任班主任和学生家长的关系处理得不太好。这是不是意味着我也会面临同样的问题呢？

4. 课堂纪律较差。我曾经在这个班级上课时，学生当着我的面都敢

吵闹，说明这些学生纪律性差，且不服老师的管教，那么我当了班主任后，他们会不会也不买账呢？

接班老师真是不容易呀！还没有进班，就有这么多的纠结与顾虑。

我的建议是，这位新任班主任不必纠结于那些还没发生的事情。具备成长型思维的老师，始终相信自己具有把班级带好的力量。如果总是想着那些消极的因素，怀疑自己的能力，那么很容易将自身的消极情绪传递给学生。

与其纠结这四种情况会不会发生，还不如怀着探究的心态，用心琢磨这四种情况为什么会发生，可以怎么解决。

一、为什么这个班里学生的心理问题比较多？别的老师为什么会给这个班的学生贴这样的标签？他们的依据是什么？这些问题并非无解，只要用心观察学生的言行，了解他们对人对事的态度，以及他们处理突发事件的方法，还有对他人情感的回应方式等，就可以找到问题的症结所在。如果学生确实存在一些心理上的问题，班主任就可以根据学生的具体情况进行心理疏导，还可以请学校专业的心理老师帮忙。班主任自己也要多读一些积极心理学和发展心理学方面的书籍，对学生的心理问题尽量做到早发现、早干预，把问题消灭在萌芽状态。

二、前任班主任为什么会被气哭？是学生太调皮？还是老师太脆弱？抑或是其他不便言明的原因？这个问题不用猜想，班主任可以直接找该班学生询问、了解就能弄清楚。如果真的是因为学生太调皮，那么新任班主任就要调整自己的心态。不妨以平和的心态，来看待学生调皮的行为，再心平气和地问一句：“闹够了吗？”如此一来，学生就会认识到，这样闹是没有意义的，班主任并不在意。如果班主任情绪失控，甚至哭泣，那么有可能会让学生变本加厉。

作为班主任，我们首先就要对学生有正确的认知。

1. 学生的天性就是不安分的，但并非不可控，所以不必感到伤心绝望。

2. 学生通常是在犯错的过程中不断成长的，因此面对学生犯错，班主任不要有畏惧心理，而是要帮学生找到助力其健康成长的元素。

在气焰嚣张的学生面前，班主任如泰山一般屹立不倒，心态像静水一样波澜不惊，表情像春花一样迎风绽放，学生的气焰自然就会熄灭。“不战而屈人之兵”不是不可能的，关键是班主任要把自己当成专业人士，而不是一个感性的小姑娘。

三、前任班主任与家长的关系为什么不好？新任班主任如何才能与家长建立健康和谐的关系？

我个人所推崇的家校关系是合伙人的关系。家长与老师投入时间，耗费精力，全心全意地教育学生，无非就是想让学生能有一个美好的未来。既然双方的目标是一致的，那么班主任就应该与家长相互理解，彼此支持，抱团取暖，守望相助！

与家长建立了这层关系之后，班主任要想真正获得家长的信任与支持，还需要做到“三会”：会说话，会做事，会做人。

所谓会说话，就是指班主任要站在家长的立场去倾听家长的心声，然后用非暴力沟通的方式与家长交流。下面我通过一个案例示范一下班主任如何和家长进行非暴力沟通。

案例背景：

小明连续三天早读都迟到了，这不仅耽误了他自己的学习时间，还因此连累班级被扣了德育积分。班主任钟老师提醒他以后一定要守时，他满口答应。可是第四天早晨，他还是迟到了。钟老师想要打电话和小明的家长交流，她该怎么说才能做到既不破坏家校关系，又让家长愉快地接受建议并立即行动呢？

非暴力沟通过程：

第一步，客观陈述，便于家长接受。班主任要用不带评价性的话语告知家长："小明妈妈，小明连续四天早读都迟到了，这样不仅耽误了他的学习时间，还因此扣了班级的德育积分。"

第二步，说出内心感受，引起家长共鸣。真心实意地说出自己的内心感受："小明最近老是迟到，我心里也是挺担心的，怕影响他的学习。而且因为小明迟到班级德育积分被扣，我作为班主任也挺难受的。"

第三步，表达需要，获得家长的支持。班主任要向家长表达自己的正当需求："小明妈妈，我也没有别的意思，我就是不想让自己的学生比别班的学生差，我想让小明的成绩更上一层楼，也希望我带的班级能成为优秀班级，在学校有一定的影响力，让每个学生都能以自己的班级为荣！"

第四步，提出合理建议，便于家长执行。向家长提出合理的要求和建议："小明妈妈，小明还是小孩子，自制力还不够强，早上起床难免会有些困难，还要劳烦您多费心，早上早点催他起床，让他洗漱时动作快一些。您现在多费点心思，对孩子将来的成长可是大有好处的！"

除了加强沟通能力以外，班主任还需要不断提升自身的教学能力。

有实力才最重要！班主任与其纠结于能不能获得家长的喜爱，还不如苦练教学与带班的本领。

四、学生为什么会在课堂上吵闹？原因有很多：学生整体性格活跃，学生学习动力不足，学生规则意识欠缺，老师缺乏威信。新任班主任如果想要改变吵闹的班风，就要弄清楚学生吵闹背后的真正原因。

如果是因为学生整体性格很活跃而导致吵闹，班主任就可以在课前教学生练习正念冥想，坚持练习一段时间，可以训练学生的专注力。

如果是因为学生的学习动力不足，或者是学习方法欠佳而导致吵闹，班主任就可以针对此种情况设计一两堂激发学习动力和指导学习方法的班会课，效果不能说是立竿见影，但一定能在学生心中播下种子。一定要相信种子的力量。

如果是因为学生规则意识欠缺而导致吵闹，班主任就要强化规则，通过培养学生的同理心来形成规则意识，当然还需要出台学生认可，且能落实的规则。规则内容不要太多，5—8 条就足够了，规则太多不便于记忆，学生记不住就无法落实，再好的规则也只能是一纸空文。

如果是因为老师缺乏威信，不能服众而导致学生吵闹，那老师就只得更加努力地工作、学习，不断提升自己。知识渊博的老师，受学生敬重；能力超强的老师，被学生敬服；气场强大的老师，令学生敬畏；灵魂有趣的老师，被学生喜爱。不管你是谁，你得有一样让学生信服的看家本领，这样才能在接班后快速上手，干得风生水起。

30

中途接手问题一大堆的毕业班，怎么办

钟老师，您好！我姓那，教龄四年，担任班主任也有四年了。我现在中途接手一个初中毕业班，这个班级中部分学生的父母离异，家庭教育有所缺失。而且班里学生的行为习惯也不是很好，学生上课溜号，作业不完成或者完成质量不高，早恋，和老师顶嘴，说脏话，这些现象时有发生。我尝试了很多方法进行干预，却总是有种拳头打到棉花上的无力感，请问有什么有效的方法能解决这些问题呢？

那老师中途接手的是一个初中毕业班，既然是初中毕业班，那老师就要清楚地知道：这一年，学习是学生的主要任务，所有会干扰到学习的行为都要整治。

那么，哪些问题需要“快”“准”“狠”整治呢？一是上课溜号，二是不完成作业。

上课时间在教室上课，课后完成作业都是学生应尽的义务，学生不履行义务，有何资格享受权利？

因此，那老师要在班级里坚决地表明你的立场：绝不接受学生上课溜号和作业不完成的行为，老师会拿出一百二十分的决心与这些不良行为斗争到底！

该如何斗争呢？这就要由老师自身的价值观与性格来决定了。拿我来举例吧。

我是一个外表温和，内在强势，原则之内寸步不让的人。

对于上课溜号、不做作业的学生，首先，我会态度坚决、语气强硬地表明我的立场：只要是我的学生，那就必须守规矩，每个人在享受权利的同时，必须履行相应的义务。

接着，我会想尽一切办法去“黏住”那些不守规矩的学生。学生既然用上课溜号的方式逃避学习，那就让他利用课后时间，把落下的功课补回来。耽误一个小时那就课后补课一个小时，补完了，还得把班主任陪伴的那一个小时补回来……如此反复，不打不骂，和和气气。其间，可以请他喝水，也可以请他吃糖，必要时班主任还可以请他吃饭。当然，补课期间，务必保证学生的安全。

班主任有原则，有韧劲，气场强大，班上的学生才会信服老师。反之，他们一旦看穿班主任是个光说不练的假把式，或者是个外强中干的纸老虎，他们就会无所顾忌。

那老师说到她所接手的班级中大部分学生的父母离异，家庭教育缺失。这件事，班主任无力管，也管不了，尤其是在初中阶段的最后一年接班的情况下，不论是师生关系，还是家校关系，都非常脆弱，班主任若贸然介入学生的家庭关系是非常冒险的。班主任能做的，就是不揭伤疤，不予评价，平时多关注这些学生，若他们表现正常，便装作不知情；若他们表现不正常，班主任可先与学生建立彼此信任的关系，再试着走进学生的内心。特别要注意的是，如果学生非常避讳提及父母的婚姻状况，也很抗拒班主任走进自己的内心，班主任就要立即止步。哪怕暂时对学生的情况一无所知，也比强行叩开他们的心门更加合适。

对于学生行为习惯不好的问题，那老师也要保持平常心，接受学生本来的样子。习惯的力量非常强大，何况是学生早已养成的习惯。新班主任一来就要让学生彻底改变，这是非常困难的，也是不现实的。

正确的做法是，班主任要帮助学生养成良好的习惯，让他们能通过好习惯找到成就感。当他们的好习惯越来越多，慢慢地，一些不良的习惯就被覆盖了。比如，班主任教给学生建立和谐人际关系的好习惯，让学生能快速地获得他人的认同，他们当然也愿意把自己变得更好。

还有与老师顶嘴，说脏话，这些现象当然也需要改进。该怎么改进呢？班主任可以设计一堂如何正确与老师沟通的班会课，教学生如何与不同性格特点的老师沟通。告诉学生，学会正确与人沟通的技巧可以规避很多不必要的麻烦。至于说脏话这种不良行为，可以先举办一场辩论会，让学生在辩论的过程中认识到说脏话是一种非常不好的行为，接着设计一堂如何用正确的方式表达自己想法的班会课，教会学生更好地表情达意，做受人欢迎的人。与其制止学生做错误的事，不如教会学生做正确的事的方法。

至于早恋问题，我个人觉得班主任不要随便给学生贴上“早恋”这个标签，要教会学生正确对待自己的感情，不仅不能伤害对方，还要令双方利益最大化。

那么如何才能令双方利益最大化呢？那就是要教会学生既要享受爱情带给自己的快乐，也要承担爱情带给自己的烦恼，最重要的是保护好自己和对方，让彼此的身心不要受到伤害。

九年级接班，时间短促，中考压力较大，新任班主任确实很难做到像带起始班级那样面面俱到。但只要抓住重点，有的放矢，我认为还是有很大的提升空间的。

31

中途接手毕业班，师生关系疏离，怎么办

钟老师，我教龄六年，担任班主任两年半。去年，我中途接手九年级一个班级的班主任，兼语文学科教学工作。这个班的前任班主任非常严厉，班级整体氛围沉闷，学生不喜欢举手发言。平时，我在班级QQ交流群里发布消息，学生从不回复。这一年，我很努力，最终学生的中考成绩也相当优秀，但他们始终跟我不亲近，令我很伤心。今后如果我再遇到跟我的关系不亲近的学生，那么我该怎么办呢？

从关系视觉来看，这位班主任跟学生的关系非常疏离，他辛苦一年，成绩斐然，但所得与付出并不匹配。由此，我们可以感受到老师的失落情绪：学生不喜欢我，我感到很挫败！

这简直就是大多数中途接手毕业班的班主任的遭遇。时间短，备考压力大，班主任的精力都用来关注课堂纪律和学习成绩了，哪里有时间走进学生的内心世界，倾听学生的心声？

很多老师理解的师爱就是：我为这个班级没日没夜地付出，紧盯班

级纪律，狠抓学生的成绩，把班级带成“文明班级”，成绩达到年级第一。为什么我对学生付出全部的爱，却得不到学生的心呢？

学生理解的师爱是：老师要尊重学生的个体差异性，承认学生的价值，鼓励学生思考，懂得学生的需求，保护学生的自尊，能够用学生的话语表达方式与他们交流。如果老师能做到这些，那么即使学生表面上与老师有些疏离，心里也是渴望与老师亲近的。

中途接班的班主任在走进新班级之前就必须有这样的心理准备：学生肯定会更喜欢前任班主任，前任班主任与他们朝夕相处了那么久，他们心里一定是舍不得的。

中途接班的班主任有了这样的情感认知基础，就不会纠结于学生是否喜欢自己，与自己是否亲近，而是会理性地与学生建立一种令双方都感到安心的关系。

这种令人安心的关系应该是“彼此接纳，亲密有间”。

比如，这位班主任所接手的班级里学生的整体性格比较沉闷，班主任发出去的消息无人回复。这有问题吗？我觉得一点问题都没有。

班主任之所以会感到失落，是因为他没有真正接纳学生正处在青春期这个特定时期的生命状态。

处于青春期的学生好面子，相对小学阶段而言，初中阶段上课时能主动举手发言的学生人数就少很多了，高中阶段就更少了。他们特别担心答错了会被老师训斥，被同伴嘲笑，他们甚至会觉得自己回答问题时的声音、口型，甚至是面部表情都会被他人笑话。为了避免尴尬，他们往往选择逃避。

我以前教过一个女生，三年时间没有主动回答过一个问题，也从不主动询问老师问题，只是安静地坐在教室里认真地听老师讲课。听懂了，她会露出会心的微笑；没听懂，她会皱着眉头发愁。我与学科教师从不勉强她回答问题，只关注她何时微笑，何时皱眉。课间的师生畅谈，她也从不加入，但她会在旁边听我和其他同学高谈阔论。虽然她一句话都不说，我却能感受到她已接收到我们的信息，同时，她也向我传达了她的想法。我们相互了解，从未有过疏离感。

青春期学生的心理比较敏感，他们特别在意别人的看法。因此，在课堂上，只要没有人主动站起来回答问题，别的学生大多都会选择沉默，但不等于他们心里没有判断。课间，只要没有人带头向老师问好，其他学生就会视若无睹，但不等于他们心里对老师没有好感。班级 QQ 群里，只要没有人带头回复消息，其他学生就会假装没看到，但不等于他们不把老师的话放在心上。

对于上述现象，班主任要以平常心去对待，能够用自己的生命能量去影响，那当然是理想状态。如果影响不了，就让学生保持这种状态也未尝不可。

我经常告诉学生：你们喜不喜欢我，是你们的权利，我无权干涉；但我要努力地喜欢你们，这是我的权利，你们也无权干涉。在课堂上，如果学生喜欢回答问题，那我就多设置互动环节。如果学生更喜欢安静地听课，那我就尽量把课讲得清晰明白。从专业的角度来讲，热闹非凡的课堂确实有趣，但是效果比不上老师认真讲授、学生用心倾听的课堂。从学习的角度来说，我经常告诉学生：大家都不明白的问题，确实需要用思维碰撞的方式来共同解决；但如果是自己能解决的问题，还是提倡独立思考，其效果远胜闹哄哄的讨论。

还有一点，需要每个中途接班的班主任警醒，那就是永远不要希求学生的感恩。

作为班主任，你为这个班级全身心付出，无非是因为你喜欢这份工作，你从付出中感受到了快乐。学生能感恩你的付出，自然好；学生不感恩，你也无须强求。当然，作为班主任，你还是很有必要以“感恩”为主题设计一堂班会课，与学生一起探讨我们为什么要感恩，感恩的好处是什么等问题。感恩与否，由学生通过探讨得出答案，而不是由班主任说了算。

2009 年 11 月，我中途接手意搏班（八年级），我跟学生第一次见面时就被他们雷鸣般的掌声给惊呆了。这群学生性格特别活跃，精力特别旺盛，上课时他们都抢着回答问题，下课也把我团团围住，有时他们还钻进办公室缠着我跟他们玩。

既然学生对我的接纳度这么高，我就乐于和他们玩在一起。当然，和学生相处我是有尺度的：亲密，但必须有间。

2010 年底，我要到深圳任教了，学生知道后，哭得特别伤心。我告诉他们，钟老师离开了，还有其他优秀的老师可以替代，他们的学业不会受到影响，但我的人生，没有谁可以帮我书写，所以我必须亲自上阵。学生虽然舍不得我离去，但还是向我保证，他们会听新老师的话，会努力学习，中考一定考出好成绩。我也给他们承诺，一定会送给他们一本书，书里的主角是他们，里面都是我与他们的回忆。《一起走向美好——意搏班的故事》就是我写给他们的书，而他们在中考时也考出了优异的成绩。

2016 年 9 月，我中途接手莲韵九班（九年级），我跟学生第一次见面时，被他们无动于衷的冷漠气傻了。这群学生的性格跟意搏班的学生完全相反，特别冷漠，特别沉闷。不管我说什么，做什么，他们都是一副拒人于千里之外的样子。

我郁闷了几天后，又活力满满地站在他们面前，告诉他们："不管你们喜不喜欢我，我都是你们的老师，我是来帮助你们成长的。大千世界，芸芸众生，那么多人我都没遇到，偏偏遇到了你们，遇见就是美好，遇见就是缘分。你们活泼我就生动，你们沉闷我就静静陪伴，不管你们怎样对待我，我都会全心全意地对待你们。"

我是这么说的，也是这么做的。我不求学生的回报，我只做我该做的。虽然学生对我反应冷淡，但我不在乎。我每天怀着赴约的心情走进教室，对他们笑脸相迎，用心做好每一件事。

这些学生表面上虽然没有表现出对我的感恩，但我知道，他们在学弟学妹们面前没少说我的好话。

我举上面两个例子，就是想说明：不同的学生，有不同的性格，作为老师，接受他们，悦纳他们，才是上上之策。如果硬要说一句有哲理的话，那么我想说：与其晓之以理去教育学生，还不如用自己的专业知识和人格魅力去影响学生！

32

中途接手班风不好的班级，怎么办

钟老师，我中途接手的班级班风不是很好，学生的学习气氛不浓，作业的完成情况也不理想，还有几个喜欢下课捣乱的学生，您能给我一点管理班级的建议吗？

班风就是一个班级的风气，是由班级成员共同营造的一种集体氛围。一个班级的班风反映了班级成员的整体精神风貌与个性特点，体现了班级的内在品格与外部形象。

简单地说，班风不好就是班级风气不好，那么我们凭什么判断一个班级的风气不好呢？

1. 看这个班级的卫生状况：教室地面脏乱，课桌椅散乱，书柜里的书摆放得东倒西歪。

2. 听这个班级的学生在晨读、课间及自习课时的声音：晨读时有气无力，课间时吵闹不休，自习课时随意闲聊。

3. 看两操的纪律：不做眼保健操还吵闹，课间操期间不跑步还到处溜达。

4. 看上课铃声响起后学生进教室的状态：上课铃声响起后，学生置若罔闻，慢腾腾地进教室，闹嚷嚷地等着上课。

5. 看学生的穿着打扮：穿着随意，打扮另类，坐没坐相，站没站相。

6. 看学生对待电子产品的态度：沉迷于电子游戏，无心学习。

7. 看集体活动时学生的表现：对于集体活动，总是一副事不关己高高挂起的姿态。参与的学生很敷衍，未参与的学生爱说风凉话。

如果存在上述七种情况，那么这个班的班风确实不太好，需要班主任花大力气整顿。关键问题是，中途接手的班主任该如何整顿班风，学生才买账呢？

一、班主任必须起到榜样示范的作用。千万别觉得这是一句空话。《第56号教室的奇迹：让孩子变成爱学习的天使》这本书的作者是雷夫·艾斯奎斯，我有幸跟他同台讲过课，也多次听过他讲课。在他的课堂上，总会听到他反复强调教师的榜样示范作用。雷夫的观点就是：教师不必要太多花招，你想要学生成为什么样的人，你就得先成为什么样的人；拿出你的具体行动给学生做示范，远比一味地指责要有效。

如果中途接班的班主任走进教室，看见教室里一片狼藉，顿时心生怒意，不管三七二十一冲着学生就是一顿数落，那么学生听到新任班主任的指责后，肯定会心生怨气。真正让学生信服的班主任，一定会带头挽起袖子做卫生。这样一来，学生也就无话可说了。长此以往，还用担心学生不接受你吗？

二、发挥班级优秀学生的带头作用。每个班级都有优秀的学生，班主任要对这些优秀学生委以重任：给他们安排班级管理职务，起到模范带头作用。除此之外，还要给优秀学生展示的平台，用他们的言行来影响和带动身边的同学，形成积极的学习氛围。

三、改变客观环境。环境对人的心态的影响是不可小觑的，因此教室环境必须干净、整洁，教室的墙面要贴有励志的标语、劝学名言，显眼的地方还应有可执行的班级管理制度。

四、建章立制，原则之内寸步不让。为什么这个班级以前的班风差？要么是前任班主任没有立规矩，要么是立了规矩没有执行，导致学生形成了自由散漫的风气。中途接手的班主任虽然与学生的感情黏合度不高，但对于涉及原则的问题，班主任必须强硬到底。

班主任强硬的依据是什么呢？当然是约束学生不良行为的规章制度。如何建章立制呢？

首先，制作一份班级不良行为调查表。分别从课堂纪律、作业完成、人际关系、集体活动等方面进行调查。最简单的做法就是让学生根据自己的观察所得照实描述，班主任再对各类问题进行分类整理。然后把整理好的问题制作成一份问卷，要求学生根据自己的认知经验写出对这些不良行为的处理方式。

其次，由班主任对学生的意见进行完善，形成学生认可、可执行度高的班级管理制度。

一旦班级管理制度制定完成，学生必须严格执行！

五、打造积极上进的班级文化，对学生进行熏陶。环境改善了，管理制度也制定好了，班级看起来也就井然有序了，这是外在的改变。要想让班风真正变好，还需要每个学生内在的改变。怎样才能让学生的内在发生改变呢？班主任可以从以下几个方面入手：

1. 取班名，挖掘班名的寓意。

2. 画班徽，表达出班徽的设计理念。

3. 刻班章，体现班级管理的正规化。

4. 选班歌，唱响班歌增强班级凝聚力。

5. 立班训，体现班级成长的精神要义。

6. 做班旗，凝聚班级灵魂。

除此之外，还可以设计专有的班服，学生参加学校大型活动时都统一穿着班服，突显出班级凝聚力。

总之，班主任用心建设班级文化，班风也会变得积极向上。

六、安排值日班长填写班务日志。大胆启用班务日志，要求值日班长把每节课学生的表现都记录下来，尤其是那些课堂上违反纪律、课间伤害同学的行为，值日班长必须做好记录。每天放学后班主任都要仔细阅读班务日志，及时处理学生当天违规违纪的行为。只要班主任跟得紧、抓得严，处理问题及时，学生的不良风气就能得到有效遏制。

七、坚持温和而坚定的正面教育方式。很多班主任喜欢采用呵斥、否定、打压、控制的方式来管理班级。这种方式见效快，特别容易控制住局面。但这种方式有很大的副作用，那就是控制手段要不断升级。比如，有些班主任对学生极其严苛，表面上看学生确实中规中矩，可一旦由温和的班主任来接班，这个班立即就乱套了。若想让班级回到原来的状态，新任班主任只有使用更加强硬的手段来控制，这样一来，“暴力”就升级了。

因此，我一贯主张班主任采用温和而坚定的正面管教之法管理班级。学生犯错不打不骂，但一定要坚持不懈地要求学生改正，班主任的毅力和坚持力一定要比学生强。只要班主任舍得下功夫紧盯学生，要求其改正，并对学生的行为不断给予反馈，学生就会正视自己的缺点并主动改正。

中途接手班风较差的班级并非什么坏事，相反更能促进班主任的专业成长。只要拿出耐心和恒心做好上述工作，班风就会越来越好！

33

中途接班，遭遇号称“校霸”的学生，怎么办

钟老师，您好！这个学期我中途接手了九年级的一个班级。班上有一个号称“校霸”的学生，他经常迟到早退。老师在上课，他想出教室就出教室，还会在上课时间冲出学校去外面飙车，完全无视班规校规。遇到这样的学生，我该怎么办呢？

作为中途接班的班主任，你要清醒地意识到：你接手的是一个毕业班。毕业班的主要任务是什么？是备考。班主任的工作重心应该是：面向全班，激发学生的上进心，协助各学科教师狠抓教学质量。因此，接手班级之初，班主任必须把精力放在“与学生建立关系，分析全班成绩，狠抓课堂纪律，设计激励学生的班会课”等方面。待班级整体进入有序、积极、上进的状态后，再做个别学生的思想工作。

对于这个老师遇到的号称“校霸”的学生，只要班主任在面向全体学生开展工作时，他没有公开挑衅，那就可以先对其进行模糊管理。等到班级发展进入正轨后，班主任就要匀出一些时间来重点关注这个学生。不过，班主任在重点关注这个学生之前，必须做好自身的心理建

设：他已经是九年级的学生了，“冰冻三尺，非一日之寒”，因此，我投入大量时间和精力帮他改进，可能会创造奇迹，也可能劳而无功，不论是哪种结果，我都要坦然面对。

班主任的心理建设做好后，就可以着手转化这个特殊学生了。

一、要全面了解他的家庭情况。他的第一抚养人是谁？他跟母亲的关系如何？他的父母关系如何？他的家庭氛围如何？他的父母所秉持的价值观是怎样的？他的父母的教育方法是否恰当？他居住的社区环境如何？总之，要全面考察并评估这个学生的成长背景，找到他成为“校霸”的问题根源。

二、了解他的朋友圈。青春期的学生，很容易受到同伴的影响。他们可能从优质朋友那里获得成长的养分，也有可能被劣质朋友带偏。上述号称“校霸”的学生，他的朋友圈很有可能存在一些问题。班主任不可能去改变他的朋友圈，但可以用他的朋友圈中正面的价值观去认同他。（教师要有“人之初，性本善”的信念，即便是“校霸”，他毕竟是未成年人，他对真善美的追求仍然存在。）此时切记不要对他的朋友圈进行评价。有同理心的特点之一就是认同他人的观点，不轻易对他人的观点进行价值判断。只要号称“校霸”的学生觉得自己获得了班主任的认同，他那颗防御和反叛的心就会慢慢软化。

三、了解他的价值观。一个人的行为模式是由他的价值观决定的。这个学生经常迟到早退，是基于什么认知？他在上课时间去校外飙车又是什么原因？老师在上课，他想出教室就出教室，凭借的是什么理由？班主任先不要进行主观猜测，也不要随便判断其想法的对错。而是要心平气和地与学生一起找出支撑这些事实的理由，这些理由就直观地体现了学生的价值观。对于学生的消极价值观，班主任不要急着去改变，而是要把重点放在与学生建立关系的工作上来。班主任只有在获得学生的信任与依赖之后，才能把积极的价值观渗透到学生的价值体系中去，否则，他的价值体系就如同铜墙铁壁，班主任的良苦用心，都会被他屏蔽在外。

四、评估他的为人底线。我教过很多看起来很坏的学生，实际上他们并非真坏，因为他们不论做过多少违反纪律的事，都守住了底线。这类学生骨子里的善良并未泯灭，他们一般都是外表不羁，内心缺爱，渴望被他人重视的。对于这类学生，班主任只要欣赏他们，重视他们，转化起来相对容易。

反过来，那些做人做事缺乏底线，价值观存在较大问题的学生，转化起来相当困难，最妥当的办法就是采取“保守疗法”。班主任切忌在公开场合对其行为进行价值评判，尤其不可对其人品下定论，这样容易激怒他们，致使其做出过激行为。

班主任可以私下约谈并明确地告诉他：每个人想要成为什么样的人都是自己的选择，老师不会把自己的想法强加给学生，但也不允许学生影响班级声誉，甚至干扰其他同学的学习和生活。

除此之外，班主任还可以经常通过QQ、微信给所谓的“校霸”发信息。信息内容不要对其近期的行为进行评价，也不要讲大道理，更不要劝解学生改正缺点从此做一个好学生。而是要像个老朋友一样，问候他：你这两天还好吧？有需要我帮忙的地方吗？最近我遇到一些麻烦，情绪有些波动，说话语气有些冲，你感觉到了吗？就是这类看似不经意的问候。不要管他回不回复，班主任只用将自己的善意和关怀发送给他即可。他接收到信息后，如果有所改变，班主任就进一步开展工作，逐渐转化他。如果他仍旧我行我素，班主任就要把班上其他同学盯紧一些，尽量不让他去同化班上意志薄弱的学生。班主任在紧盯其他学生的同时，也要注意自己对这位同学的评价，不要用负面言语评价这位同学的行为，以免加深师生矛盾。

中途接班的班主任遇到号称“校霸”的学生，着实会感到伤脑筋，但是也不必惊慌失措，而是要秉持正确的问题学生转化理念，对于那些无法用专业知识来转化的学生，只要不令其行为恶化，就是成功。班主任在给这类学生做思想工作时，不要硬碰硬，而是要采取迂回战术，把自己变成一颗牛皮糖，虽然软糯，但很有韧劲。慢慢来，不着急，总有一天，会看到奇迹出现！

第四章

学生品德教育

34

学生说话口无遮拦，怎么办

钟老师，我的班上有不少学生说话过于直接，完全不考虑听话人的感受，经常会因此而得罪人。请问，对于这种说话口无遮拦的学生，我应该如何教育呢？

我先讲一个小故事吧。

前两周我的班上有个学生因病请假在家休养，那天正好轮到他做班级值周。我正愁找谁来替他，就看见他的师父小汪同学走了过来，我便笑着对他说："小汪，你徒弟生病了，你帮他打扫下卫生吧。"

小汪反问道："要做多久？"

我说："你徒弟回来了，你就可以功成身退了。"

小汪居然脱口而出："那他要是死了，怎么办？"

我惊讶地睁大眼睛，说道："你说什么呢！快别乱说。"

小汪吐了吐舌头，闭上嘴，默默地擦拭黑板。

像小汪这样说话口无遮拦的学生，莲韵九班还有好几个。

他们说话时往往不假思索，脱口而出，从不考虑这句话说出来会不会让听话的人生气。

有一天放学后，几个女生在教室里跟我分享如何通过做仰卧起坐来减肥的经验，正讲到兴头上，大块头的小陈风风火火地冲进教室，没头没脑说了句：“小张，你就是练到死也是个肥婆！”小张闻言暴怒。小陈自知失言，满脸绯红，灰溜溜地从教室后门走了。

你说小汪和小陈是不是坏学生？我可以拍着胸脯保证：他们都是善良的学生。如果硬要说他们有什么缺点的话，那就是说话口无遮拦，经常惹得人不开心。

什么叫口无遮拦？

词典上的解释是，说话没有任何顾忌，信口胡言，特指那种说话不分场合，没有分寸感的人。比如，别人家里有人生了重病，一家人正为这件事发愁，有个孩子走过去，问道：“他会不会死呀？”再比如，一个光头老师走过来，马上就有学生走过去摸摸老师的头，调侃道：“可以发几百度的电哪？”

这样的人，在生活中并不少见。但说话口无遮拦，是不值得提倡的。因为它或多或少会对别人的心灵造成伤害。有这种习惯的人不论是在私人场合还是在公共场合，都不讨喜。因此，当班主任发现班上有说话不经大脑、口无遮拦的学生，不必痛心疾首地呵斥，而是要耐心地引导他们懂得如何正确地表达，让别人因他们的存在而开心。

一、我们要分析清楚，这个学生说话时为何嘴巴比脑子快。是在家庭养成的表达习惯吗？是受集体不良行为的影响吗？是为了吸引眼球博关注吗？是缺乏同理心还是感知他人情绪的能力较弱呢？班主任应先提出各种假设，然后进行验证。只有找到问题的根源，才能对症下药。

二、告诉学生多听少说。嘴巴快的人往往不喜欢倾听别人讲话，因此，说出来的话也就很难照顾到别人的感受。班主任要引导学生学会倾听，根据倾听到的内容再确定如何回答，这样就能做到多听少说。

三、让嘴快的学生感同身受。嘴快的学生，往往感受他人情绪的能力较弱。班主任若是只告知他嘴快可能会伤害他人，并不能让他改掉这个毛病。因此，班主任需要设置特定的场景，和嘴快的学生进行角色互换，问问他这些话带给他什么样的真实感受，再告诉他，“人同此心，心同此理”，既然你觉得难受，那么别人也同样会感到难受，所以要谨记“己所不欲，勿施于人”的道理。嘴快的学生以自己的真实体验明白了这些道理后，自然会有意识地改掉嘴快的毛病。

四、练习入情入理的表达方式。说话是要看对象和场合的，当然也要注意内容和语气。平时放肆惯了的学生，说话确实容易没大没小、无所顾忌。遇到心态健康、心胸豁达的学生，他们一般都是一笑置之。但是当他们遇到较真、偏执的学生时，纠葛就产生了。因此，老师除了要教会学生恰当的表达方式之外，还要引导学生学会分析身边人的性格与心态。

五、告诉学生要控制说话的速度。口无遮拦的学生，往往是把话说出来以后才意识到说错了话，想要纠正时已经来不及了。因此，老师要告诫学生适当地控制自己说话的速度。比如，遇到想要脱口而出的情况，要赶紧停住，或者是用手捂住自己的嘴巴，在脑子里多想一下再说出来。嘴巴慢了，脑子就能多思考一下，说出来的话就不会伤人了。我刚接手莲韵九班的时候，发现这种类型的学生特别多。他们往往都是话一出口就后悔了，可是又覆水难收，常常因此后悔。我就训练他们控制说话的速度，效果奇佳。

六、给那些曾受到言语伤害的学生支招。改变一个学生不良的表达习惯，并非一日之功。因此，我们在引导口无遮拦的学生改变其表达习惯的同时，也要告诉其他学生，在感到自己被他人的言语伤害时，要勇于表达自己的想法：可以表现出无所谓的态度，让说话人自觉无趣；还可以直接用言语表达自己的不满，提醒说话的人注意言辞。当然，具体使用哪一种方法，要视情况而定。

有些人说，小孩子嘛，说话直接一点，甚至是缺心眼一点，没什么大不了的。这种观点比较片面。的确，在幼儿阶段，孩子说话直来直去，会被当作童言无忌。但如果随着年龄的增长，他说话仍然不注意场合，不把握分寸，那就叫口无遮拦了。青少年时期口无遮拦尚且能得到原谅，但等他长大进入社会之后，谁还会为他的口无遮拦买单？因此，适时适度干预孩子口无遮拦是很有必要的！

35

班里有特别娇气的学生，怎么办

钟老师，我们学校位于城市新区，距离老城区比较远。我所带的是八年级的一个寄宿班，班里学生多来自新区。由于学校教学质量好，有不少老城区的学生转学到我们学校。

今年我班又转来了一名插班生，他原来是老城区一所重点中学的学生。自从到了我们学校，他隔三岔五地请假回家或旷课回家，理由是在学校吃不好、睡不好。他的家长一再请求老师原谅，并请我设法帮助孩子早日融入集体。我应该怎么做呢？

我有一个同学，家中有五个姐妹。在她们小时候，她们的父母整日在地里劳作，每天都很晚才回家。她们就在家里等啊等，经常等到天黑也等不到父母，于是她们就在墙角、门后、灶台下，找地方席地而睡。父母回家后，提着昏暗的煤油灯，逐个地摸着头，口里念着“一、二、三、四”，念到“五”的时候，便“嗯”一声，说“对了，刚好五个”。后来，这五姐妹成了我们当地有名的“五朵金花”，个个都是发家致富的能手。她们为什么不娇气？因为她们没有娇气的条件。

再说说我自己，我是家中长女。父亲在外地工作，我每天放学后得跑着回家，到地里帮母亲干活。小小年纪，便要为生计劳作，我是无论如何也娇气不起来的。

因此，学生娇气，主要问题出在家里。班主任要想改变学生，先得改变家长。家长变了，学生才会变。当然，班主任在行动之前，还是要弄清楚学生的娇气表现在哪些方面。

1. 生活方面。吃东西、穿衣服挑三拣四。住学生宿舍，一会儿嫌宿舍小，一会儿嫌宿舍闷，不是嫌弃宿舍没空调，就是觉得宿舍里的灯不够亮。总之，他们很挑剔，在他们眼里，学校到处都是毛病。现实情况一旦没有达到他们预期的标准，他们轻则噘嘴生闷气，重则逃回家继续过饭来张口、衣来伸手的日子。

2. 学习方面。他们听课觉得困，做作业觉得累，看书觉得烦。一旦遇到难题，就火冒三丈，继而放弃。更有甚者，只要一学习，就觉得自己是功臣，要求父母为他买好吃的，或者是帮忙端水、拿零食、削铅笔。考试考得不好不从自己身上找原因，反而赖老师没教好，怪父母没把他生得更聪明。

3. 劳动方面。做清洁的时候，他们能躲就躲，实在躲不过了要么耍赖不做，要么请别人帮忙做，甚至拿钱雇别人做。在家里，更是十指不沾阳春水，不仅不会做家务，甚至连脚都要家人帮忙洗。

4. 思想方面。这类学生经不起批评，一旦被老师批评，就容易意志消沉，情绪低落。同时，他们也受不起表扬，一旦被表扬，就容易得意忘形，忘乎所以。

那么为何学生会表现出娇气的性格特点呢？究其原因，主要是长辈过于溺爱，娇宠过度造成的。娇气的学生都有一个共同特征：怕吃苦。一个怕吃苦的学生，长大后显然是缺乏竞争力的。

那么，作为班主任，我们该如何改变这些学生呢？我还是那个观点，与其改变学生，还不如改变家长！

班主任要与家长交流，分析学生娇气的原因，以及娇气给学生带来的危害。我相信，班主任只要分析得入情入理，家长一定会认识到自身行为的不当之处，并且能主动配合班主任改进。班主任可以向家长提出矫正方案，并要求家长：不能半途而废，不能心软。

1. 让孩子养成劳动习惯。周末的时候，家长可以让孩子帮忙洗碗、扫地、收拾屋子，洗自己的袜子和内衣裤。需要注意的是，刚开始的时候不要让孩子做得太多，一定要循序渐进，还可以适当地给予奖励。慢慢地，孩子就能养成自己的事情自己做的习惯了。

2. 让孩子坚持体育锻炼。父母可以陪伴孩子进行体育锻炼。比如，父亲带着孩子一起打篮球、骑车、登山；母亲可以带着孩子慢跑、跳健身操、打羽毛球等。体育锻炼不仅可以强健孩子的体魄，而且可以锻炼孩子的意志力。

3. 进行挫折教育。成长道路上一帆风顺的学生固然幸运，但走得太顺，容易让人产生骄矜之态。因此，适当地对学生进行挫折教育是很有必要的。经受得起挫折的学生，在他今后的人生角逐中才经受得住失败的打击。家长和班主任都要给学生创造一些直面挫折的机会。比如，考试失利，比赛结果不如意，同学关系闹崩了等。如果家长放手让孩子自己去面对这些必经的挫折，那么他的骄矜之气自然会慢慢褪去。

4. 加强家校互通。学生在家里取得的每一点进步，班主任都要了如指掌，然后及时地对学生进行鼓励和肯定。可以给他颁个进步之星奖，或者送他一个小礼物，以示班主任对他的赞赏。

要想改变特别娇气的学生，决定因素是家长。班主任把家长的思想工作做通了，一切就都水到渠成了。

36

学生有“不问自取”的坏习惯，怎么办

钟老师，我是一名小学二年级的班主任，我班里的一个女生有“不问自取”的坏习惯。据她妈妈说，她从小由爷爷奶奶带大，家里经济条件尚可，她想要的东西，只要合情合理，爷爷奶奶都会满足她，久而久之，她就养成了骄纵、任性的性格。这个女孩的妈妈也是老师，并且也是班主任，对女儿“不问自取”的行为，她妈妈特别不能接受。她妈妈说，针对女儿这个坏习惯，他们讲过道理，也骂过、打过，但不仅没有从根本上解决问题，反而愈演愈烈。现在，班上的学生只要有东西找不到了，就会认为是这个女生拿的，甚至连老师掉了东西也会怀疑是这个女生拿的。她的家长特别苦恼，我也很无奈。请问，这个问题我该怎么去解决呢？

这确实是一件挺令人苦恼的事，换作是我的学生有这样的行为，并且屡教不改，我也会有很强烈的挫败感。虽然这个问题特别棘手，班主

任仅凭一人之力很难彻底解决，但班主任不能灰心，要抱着“治病救人”的心理，寻求解决之道。我建议班主任与这个女生的家长进行深度交流，获得她成长的第一手资料，然后一步一步地指导家长干预孩子的不良行为。未必有立竿见影的效果，但只要老师和家长形成合力，巧妙地对这个女生进行教育，她的坏习惯一定能改正。

首先，班主任要高度重视学生“不问自取”的行为。这个女孩的行为算不算小偷小摸呢？目前尚不能下定论，但如果现阶段不加以干预，那么以后再想让她改正这个坏习惯就很难了。就这样任其发展下去，事态会非常严重。因此，班主任一定要与家长深入交流，或者是到学生的家里去，找出她这种行为产生的真实原因。

为什么不缺物质、不缺爱的家庭还会培养出“不问自取”的孩子呢？责任可不全在孩子！主要是因为大人没有在孩子小的时候帮助其形成边界意识，导致孩子无法正确区分别人的和自己的东西，出现概念混淆，久而久之便会将占有他人的东西当作理所当然。

其次，班主任要制订转变策略，和家长一起亡羊补牢，帮助孩子将“不问自取”的坏习惯改正过来。那么，具体该怎么操作呢？

一、指导家长帮孩子建立“他人之物未经允许不可擅动”的价值观，同时，也要适当满足孩子的内心渴求。比如，女孩想要一个芭比娃娃，男孩想要一个玩具赛车，在家庭经济条件允许的情况下，家长是可以买给孩子的。如果家长不想轻易满足孩子的物质欲望，那么可以设置一道门槛。比如，你做好某事就给你买，一周之内不对大人发脾气就给你买……以此来约束孩子的不良行为，激发孩子产生积极努力的动力。

二、家长要对孩子进行边界意识教育。比如，在孩子上厕所前，家长要告诉孩子，进厕所后一定要关门，任何人都不可以偷窥，包括自己的爸爸妈妈，同时，他也不可以偷窥别人上厕所。未经许可，不可以擅自进入别人的房间。如果想进去，就要事先征求房主的意见，获得许可后方能进入。进屋后，一定要坐在显眼开阔的地方，不要东张西望，不可乱拿别人的玩具，翻别人的抽屉。也不能让别人随便出入自己的房间，乱动自己的东西。在学校里，同样要看管好自己的书包和抽屉，不随意翻动别人的东西。

这样的一系列关于边界意识的教育，就是要让孩子形成清晰的边界意识。当孩子形成正确而清晰的边界意识后，这种“不问自取”的行为也就不会轻易发生了。

三、告诉孩子，他做出的“不问自取”的行为给物主和老师造成了困扰。班主任一定要把真实的感受告诉学生。具体该如何表达呢？我建议班主任蹲下身来，抚着学生的肩膀，看着他的眼睛，一字一顿地说：“我知道你不是故意拿别人的东西，但是你‘不问自取’的行为让老师和同学都很难受。特别是老师，老师知道后心情很不好。告诉你哦，老师最喜欢的就是那种不随便乱拿别人东西的学生。”如果班主任善于说这种渗透着感情的话语，就容易引起学生共鸣，让学生听到心里去。这个年龄段的学生最在意的不是行为的对与错，他们最在意的往往是老师喜欢不喜欢他们。因此，班主任不用给学生讲大道理，他们无法理解，也很难共情。威胁恐吓就更不好了，不仅不会让学生的不良行为得到改善，还会使其变得更加隐蔽，不易察觉。

四、与孩子约法三章。与孩子约定，如果再出现“不问自取”的行为，在学校里就要接受班规惩罚，在家里还要受到家法惩戒。这就涉及班风与家风的建设。

我班有一条班规：未经他人允许，不可动用他人物品，不可随意翻动他人书包与抽屉，如有违反，除书面道歉外，还要对所动用之物进行加倍赔偿。

同样的，我家也有家规，如果孩子违反家规，就要受到家法惩罚。每当孩子犯了错，我们不会在第一时间骂他，也不和他讲大道理，而是与他一起分析事发缘由，此事产生的不良后果，以及今后该如何改正。分析完之后，再根据事先拟定的家规进行不同层级的惩戒。

由此可见，不论是班规，还是家规，都要让孩子心服口服，这样才是最有效的。

《中华人民共和国家庭教育促进法》颁布之后，不少班主任认为，学生的品德是由家长来培养的。如果学生在学校里出了品德问题，就应该把板子打在家长的身上。但教育部也发了相关通知，各个部门，尤其是学校，一定要提供各种条件指导家长学习并落实《中华人民共和国家庭教育促进法》。说到底，班主任是有责任指导家长提高家庭教育能力的，学生的品德教育应该由教师和家长合力完成。

五、要尽量满足孩子的合理需求。家长要用简单易懂的语言告诉孩子，需要什么东西一定要告诉父母，只要要求合理，父母会尽量满足。就算孩子所提的要求不合理，父母也要诚恳地告诉孩子不满足他的要求的原因，并希望孩子能理解。如果孩子的合理需求得到了满足，他就不会总是把目光聚焦到别人的东西上。

六、利用正强化的方式巩固好行为。当学生改正“不问自取”的坏习惯后，班主任一定要私下及时对他进行表扬，真诚地告诉他，他改正这个缺点后，老师心里有多么开心，并且还会告诉他的父母，让父母对他进行口头表扬和物质表扬。小孩子最在意老师和父母对自己的评价，当他得知自己的行为能让老师和父母特别开心时，就会努力去做得更好。

虽然班主任指导家长进行补漏，费时费力且耗神，但好过放任自流。再则，刚升入小学二年级的学生，其行为模式还没有固定，价值观也还没有定型，可塑性很强。因此，只要班主任高度重视，发动家长的力量，与家长形成教育合力，一定能帮助孩子改正坏习惯，促进其健康成长。

37

学生偷改他人试卷的姓名，怎么办

尊敬的钟老师，我侄女读小学一年级，最近一次语文考试，她得了97分，但她偷了同学100分的试卷并改成了自己的名字，我们该怎样去教导她呢？请您指点。

咱们先来锁定几个关键词：女孩，小学一年级，97分，100分，偷改名字。

97分已经是高分了，为何这个孩子还不满意，非得把同学100分的试卷偷来改成自己的名字？仔细分析一下，无非有以下几个原因。

一、孩子天性好强。有些孩子天性要强，不论做什么事都想争第一名。争到了，就认为自己最厉害，没争到就想用不正当的手段去获得。

这类孩子是极少数，但一定有。在我30多年的教育生涯中就遇到过这类孩子。他们每天都在想如何不让别人超越自己，他们过得很辛苦，但始终很执着。如果家里有这类孩子，那么家长一定要高度重视。要引导孩子把目光放长远，不要想方设法去超过别人，而是要学会内省，不断超越自己。

二、家长或老师过分强化外在刺激。小学一年级学生的道德发展一般处在“我想获得奖赏”或“我想取悦某人”这两种阶段。如果家长或老师给予学生的奖赏以及关爱都跟分数挂钩，且分数越高，获得的奖赏及关爱就越多，那么孩子就会越在乎分数。

小学低年级段的孩子，还没有形成独立思考和判断的能力，积极的价值观还未完全形成，道德感也很薄弱。如果家长和老师把分数作为给予孩子奖赏与关爱的条件，那么孩子为了创造这个条件就很有可能会剑走偏锋。

三、孩子缺乏边界意识。不少孩子小时候都有“不问自取”或者“东西共有”的习惯。这不是品质败坏，而是缺乏边界意识。缺乏边界意识的孩子不会想到“他物勿动”，而是“我需我取”。他们会认为：我对自己的97分不满意，我想要的是100分，所以我就要把别人100分的试卷拿来改成我的名字，名字都改了，卷子就是我的了，分数自然也是我的，家长和老师的奖赏也是我的。

孩子出现此种情况，家长和老师除了要客观理性地否定孩子的不良行为外，还需要反省，更需要改变自己的理念和行为。

首先，家长和老师必须帮助孩子形成明确的边界意识：别人的东西，无论你多喜欢，多想占为已有，都不能拿！这不仅是边界意识，更是积极的价值观。

其次，告诉孩子要通过自己的努力去战胜别人。诚然，考试分数对于学生来说是非常重要的，但不可以通过不正当的手段去获得。这是孩子必须牢记并践行的价值观，家长和老师要反复强调这一点。孩子把他人满分试卷上的名字改成自己的名字，这不是小事，家长和老师必须明确且严厉地告知孩子：这种行为是错误的，绝不容许犯第二次！只有家长和老师态度明确，立场坚定，处理及时，孩子才不会在错误的路上越走越远。

最后，在生活中，家长表扬孩子时要表扬过程而非结果。大人过分强调结果，孩子就会特别在意结果。比如孩子考了 97 分，家长要先分析试卷，然后再开启正确的表扬模式：你最近上课变得认真了，作业也完成得很好，老师讲的重要知识点你都做对了，这次你能考 97 分我很满意，下一次考试如果你再细心一些，或许就能考 100 分哦！家长如此表扬，孩子就能接受 97 分这个分数，并且还会自我激励：下次争取考 100 分！

小学一年级孩子的道德发展还处在初级阶段，孩子做出偷改他人试卷姓名这种事并非道德问题。成年人在处理此事时不可以对孩子的行为进行道德评价：未经他人同意就擅自改别人试卷的名字，这是偷盗，你就是小偷……这样的评价充满暴力，会吓到孩子。正确的说法是：你将别人 100 分的试卷改成你的名字，妈妈（爸爸）心里很难受，因为这种行为是错的。我当然希望我的孩子能考 100 分，但我更希望我的孩子能诚实地对待自己的分数，不论是考 100 分，还是考 97 分，都能坦然接受自己的成绩，毕竟这个成绩是通过你自己的努力得来的！

当孩子认识到自己的错误后，家长要拥抱孩子，并告诉孩子：虽然你犯了错，但妈妈（爸爸）不会因此减少对你的爱，错误归错误，改了就好，感情归感情，妈妈（爸爸）对你的爱绝不改变！在以后的岁月里，切忌旧事重提。

38

好心教育学生，学生却认为老师在给他“洗脑”，怎么办

钟老师好，我是一名初中班主任。只要我在课堂上讲一些做人、做事的道理，有些学生立马就阴阳怪气地说：“老师又来洗脑了。”就连我读一些蕴含人生哲理的文章，他们也会很不耐烦地说：“就知道给我们洗脑。”我每次听到这样的言论，都会既委屈又气恼：我费尽心思教导他们，到头来却费力不讨好，我这是图个啥？我想请教钟老师，我该怎么解决这个问题呢？

工作30多年来，我一直在当班主任，对这个问题感同身受。班主任能图啥？班主任图的不就是学生健康成长，将来有个美好的未来吗？这些所图多么正当，班主任多么为学生着想，可是有些学生非但不领情，还认为老师是在对他们进行洗脑。

既然学生说到“洗脑”这个概念，班主任就不能装作没听见，只顾着自己生闷气，而是要找个合适的时间，好好地和学生聊一聊什么叫洗脑。这样做既能消除学生对班主任的误解，也有利于提高学生的认知水

平，让他们清楚地认识到，因为自己的一知半解而对他人的行为产生误解，是会给他人带来烦恼的。

我所说的聊一聊，不是随意闲聊，也不是和学生争辩，而是由班主任提前做好充分的准备，比如，收集相关的文字和视频材料，做好课件，再选择合适的时间，郑重地、明确地告知学生洗脑的概念究竟是什么。

什么叫洗脑呢？所谓洗脑就是指向人强制灌输某种思想观念以改变其原有的观念。班主任提出这个定义后，就要追问学生："老师在给你们讲道理时，有没有强行要求你们接受？老师所讲的道理是不是不健康的？"答案明显是否定的，那就意味着老师之前的行为和洗脑是有本质区别的。老师是在履行自己的教育职责，是在对学生的不良行为进行教育和规劝。

洗脑具有六个鲜明的特点：排他性、循环论证、利益承诺、咒语化、仪式化、重复性。对于这六个特点，学生可能会觉得难以理解，老师逐个讲述其含义又显得枯燥，学生也不爱听。这个时候，班主任不妨以讲故事的方式，将这六个特点包含进故事中，一边讲故事，一边强调这些特点，学生就能理解了。这种讲故事的教育方法，也不容易被学生排斥。下面就请看看我是怎么用故事教育学生的。

同学们，我想给大家讲一个关于洗脑的故事。为了便于大家理解，我就把自己代入这个故事里充当故事的主角。

假如有一天，我动了歪心思，想要对班上的学生进行心灵控制，我就会千方百计地对你们进行洗脑。

我会找一个远离城市的地方，把你们聚集在一个相对密闭的空间里，关门、关窗、拉窗帘，要求你们把所有的通信设备都上交，目的是不让他人发现。只要切断了你们与外界的联系，我就占有了绝对的信息优势。之后，我会要求你们穿着统一的服装，保持一样的坐姿，喊出同样的口号，这就是仪式化。

我会反复对你们说同一句话，当然是对你们的利益承诺。比如，“只要跟着我，服从我，一切听我的，保证你们个个考清华，人人上北大！”于是，你们群情激动，大喊：“考清华，上北大！考清华，上北大！……”我会不停地重复这句简单的口号，让你们充满激情，这就是重复性。

口号喊完之后，我还会对大家念“咒语”：“你们必须相信我，否则，你们出门坐车，车必翻；抬脚走路，路有坑；提笔考试，题题错。”总之，哪壶不开提哪壶，你们害怕什么我就说什么，给你们制造心理阴影，让你们产生恐慌的情绪，不得不受我的控制。念完之后，我还会煽情地说：“你们是我的宝贝，你们只能听我的话，其他人都是会伤害你们的坏人。”这就是排他性，是为了不让你们与其他人有交集。因为你们一旦与别人有了交集，你们的思想就会受到影响，就有可能脱离我的控制。

我还会常常对你们说：“只要你们听我的，你们就能成为优秀的学生，因为你们有变优秀的潜质；只要你们不顶嘴，你们就会变成优雅的学生，因为你们有变优雅的力量。”这就是循环论证，说来说去等于没说，没有实质意义。

故事讲完了，班主任再请学生将老师平时对他们说的话和故事中的语言进行对比。很明显，真正的洗脑，目的是不单纯的，动机是带有恶意的。而老师平时对学生的教导，只是在和学生讲道理，是充满善意的。

老师给学生讲道理，就是把自己从书本上学到的知识和自己的人生感悟结合起来传递给学生。老师这样做，无非是希望学生在成长的过程中能够少走弯路，可以欣赏到成长道路上的美丽风景。

听到这里，学生应该明白了洗脑的特点，今后遇到类似情况就会慎言。但只讲故事还不够，毕竟故事呈现出来的只是文字材料，有些学生可能还会想，这是不是老师杜撰出来故意忽悠我们的呀？这个时候，班主任可以再给学生播放几段展示“洗脑套路”的视频，看过这些真实的素材，他们就会明白什么是真正的洗脑。学生有了这些认知，以后就不会轻易抗拒老师的教诲，也不会轻易被别人洗脑了。

还有一些学生是出于调侃之类的玩笑心理，才会在班主任给学生讲人生道理时，故意说“老师又洗脑了”。学生的话虽然不好听，但他们确实没有什么恶意，也没有针对班主任的意思，因此，班主任不必介怀，要么无视忽略，要么转移话题即可。

当然，班主任如果要求学生对自己真诚，那么班主任平时对学生说话的态度也要真诚。我经常对学生说：“我对你们讲的每一句话都是真话。”学生就会反问我：“难道你从来不说假话？我不相信！”我总会笑着说：“我是假话绝不说，真话不全说，不明真相的话，闭紧嘴巴一个字儿都不说。”刚开始我说这些话时，学生未必会相信，但与我相处久了，他们就会发现我的确是一个特别真诚、特别真实的人。之后，无论我再跟学生说什么，他们都会表示，“老师，你说的话有道理，我们相信你”。

后记

在这篇后记里，我想补充三个观点。

一、不要有畏难情绪。我所带的班级每天都会发生一些我能预料或者我不能预料的事情。有些会令我惊喜异常，有些也会令我惊吓万分。不管是惊喜，还是惊吓，我都心平气和地接受。李希贵校长曾说过一句话，令我特别有共鸣。他说，学校的意义，是让学生在走上社会之前先活一次。也就是说，基础教育的真正作用，是在这个由教育者守护的天地中，让学生尽情选择、充分试错，亲身体验成功的喜悦、挫败的迷茫，让这些经验促进学生成长，这样试错的成本可比他们进入社会后再犯错所付出的成本要小得多！

二、不要害怕失败。不要以为我做了30多年的班主任，就可以无所不能，解决所有难题。事实上我也经常遭遇失败，我也有解决不了的问题。只是，我从来没有放弃过，也从来没有气馁过。失败后，我会找到失败的原因！不管是什么问题，肯定有解决之道，只是我暂时没有找到而已。因为不怕失败，不怕丢脸，敢于接纳问题的不确定性，我才能够一步一步地深耕细作，找到做好班主任工作的窍门，感受到做班主任的快乐，活成了自己喜欢的样子。

三、以行动为导向。很多班主任都曾经问过我成功的秘诀。实话实说，我是一个典型的行动派、实干家。不管这件事能否成功，我都会立即行动，且不会纠结结果。若是成功了，我会越做越有劲，越做越好；若是最终没能成功，我也绝不灰心，而是及时分析、总结，找到症结所在，换个方法继续努力。我坚信，在做班主任工作时，只要满怀热情、勇往无前，就问心无愧，并且迟早会收获精彩！

虽然我离退休的日子不远了，但我会在这个岗位坚守下去。我无意成为教育大家，我本人也志不在此。我只是喜欢学生，喜欢这份工作，我想把这份工作做得如鱼得水，心生欢喜。仅此而已。

图书在版编目（CIP）数据

乘风破浪做好班主任：轻松应对工作中的 38 个“怎么办”/ 钟杰著 . -- 北京：中国人民大学出版社，2022.8

ISBN 978－7－300－30897－5

Ⅰ. ①乘… Ⅱ. ①钟… Ⅲ. ①中小学—班主任工作—研究 Ⅳ. ① G635.16

中国版本图书馆 CIP 数据核字（2022）第 142656 号

乘风破浪做好班主任：轻松应对工作中的 38 个“怎么办”
钟 杰 著
Chengfeng-Polang Zuo Hao Banzhuren: Qingsong Yingdui Gongzuo Zhong de 38 Ge “Zenmeban”

出版发行	中国人民大学出版社		
社 址	北京中关村大街 31 号	邮政编码	100080
电 话	010－62511242（总编室）		010－62511770（质管部）
	010－82501766（邮购部）		010－62514148（门市部）
	010－62515195（发行公司）		010－62515275（盗版举报）
网 址	http://www.crup.com.cn		
经 销	新华书店		
印 刷	北京华宇信诺印刷有限公司		
开 本	720 mm × 1000 mm 1/16	版 次	2022 年 8 月第 1 版
印 张	12.25 插页 1	印 次	2023 年 12 月第 4 次印刷
字 数	160 000	定 价	58.00 元